CYBERPSICOLOGIA
E MARKETING
Online

Estratégias que geraram
Milhões em Vendas pela internet

CYBERPSICOLOGIA

E MARKETING

Online

RODRIGO VOLPONI

ALTA BOOKS
GRUPO EDITORIAL
Rio de Janeiro, 2023

Cyberpsicologia & Marketing Online

Copyright © 2023 da Starlin Alta Editora e Consultoria Eireli.
ISBN: 978-85-508-1837-5

Impresso no Brasil — 1ª Edição, 2023 — Edição revisada conforme o Acordo Ortográfico da Língua Portuguesa de 2009.

Dados Internacionais de Catalogação na Publicação (CIP) de acordo com ISBD

V933c   Volponi, Rodrigo

    Cyberpsicologia & Marketing Online: estratégias que geraram milhões em vendas pela internet / Rodrigo Volponi. - Rio de Janeiro : Alta Books, 2023.
    208 p. ; 16cm x 23cm.

    Inclui bibliografia e índice.
    ISBN: 978-85-508-1837-5

    1. Marketing. 2. Vendas. 3. Cyberpsicologia. 4. Marketing Online. I. Título.

                                    CDD 658.8
                                    CDU 658.8
2022-3116

Elaborado por Vagner Rodolfo da Silva - CRB-8/9410

Índice para catálogo sistemático:
1. Marketing 658.8
2. Marketing 658.8

Produção Editorial
Editora Alta Books

Diretor Editorial
Anderson Vieira
anderson.vieira@altabooks.com.br

Editor
José Ruggeri
j.ruggeri@altabooks.com.br

Gerência Comercial
Claudio Lima
claudio@altabooks.com.br

Gerência Marketing
Andréa Guatiello
andrea@altabooks.com.br

Coordenação Comercial
Thiago Biaggi

Coordenação de Eventos
Viviane Paiva
comercial@altabooks.com.br

Coordenação ADM/Finc.
Solange Souza

Direitos Autorais
Raquel Porto
rights@altabooks.com.br

Assistente Editorial
Matheus Mello

Produtores Editoriais
Illysabelle Trajano
Maria de Lourdes Borges
Paulo Gomes
Thales Silva
Thiê Alves

Equipe Comercial
Adenir Gomes
Ana Carolina Marinho
Daiana Costa
Everson Rodrigo
Fillipe Amorim
Heber Garcia
Kaique Luiz
Luana dos Santos
Maira Conceição

Equipe Editorial
Beatriz de Assis
Betânia Santos
Brenda Rodrigues
Caroline David
Gabriela Paiva
Henrique Waldez
Kelry Oliveira
Marcelli Ferreira
Mariana Portugal
Milena Soares

Marketing Editorial
Amanda Mucci
Guilherme Nunes
Jessica Nogueira
Livia Carvalho
Pedro Guimarães
Talissa Araújo
Thiago Brito

Atuaram na edição desta obra:

Revisão Gramatical
Fernanda Lutfi
Smirna Cavalheiro

Diagramação
Rita Motta

Capa
Marcelli Ferreira

Editora afiliada à:

Rua Viúva Cláudio, 291 — Bairro Industrial do Jacaré
CEP: 20.970-031 — Rio de Janeiro (RJ)
Tels.: (21) 3278-8069 / 3278-8419
www.altabooks.com.br — altabooks@altabooks.com.br
Ouvidoria: ouvidoria@altabooks.com.br

ALTA BOOKS
GRUPO EDITORIAL

Dedico este livro aos meus antepassados e aos meus pais, que me permitiram existir e crescer.

Aos meus irmãos, que oferecem ombro para acolhimento, risadas e grandes ideias.

À minha companheira absoluta, Luciana. Sem ela, este livro não seria possível.

AGRADECIMENTOS

Não posso deixar de agradecer às pessoas que fizeram parte da minha vida. Amigos, familiares, colegas de trabalho e meus mentores, com os quais tanto aprendi. Aos queridos que podem não se encontrar aqui, minhas sinceras desculpas. Para ser honesto, teria que reservar inúmeras páginas para citar todos.

Começo aqui agradecendo ao meu amigo Caio Ferreira, que em 2009 me introduziu ao universo do marketing digital. Se não fosse ele, não teria começado meu negócio pela internet. Seguido pelos amigos Lourenço Maciel e Seiiti Arata, os primeiros empreendedores digitais que conheci. Lourenço incrivelmente começou a faturar pela internet aos 17 anos. Seiiti tinha uma carreira estável na ONU quando resolveu focar um negócio digital. Ambos foram valiosas fontes de inspiração. Também ao meu amigo e parceiro de negócios Marc Tawil, a quem tenho enorme estima e com quem aprendo muito!

Devo agradecer também aos fundadores da Hotmart, JP Resende e Mateus Bicalho. Neste livro dou mais detalhes de como nos conhecemos, mas ambos mudaram a minha história. Ter trabalhado na Hotmart foi algo que considero "O grande ponto de virada". Sem essa oportunidade, não sei se teria chegado até aqui. Ambos ainda são meus mentores até hoje.

Agradeço também aos meus professores de psicologia, graduação que concluí pela Faculdade Arnaldo, em especial aos professores Gustavo de Val, Danielle Matos e Renato Ávila. A psicologia anda de mãos dadas com as minhas ações em marketing. Agradeço também aos mestres da Nottingham Trent University (UK), na qual fiz mestrado em Cyberpsicologia. Agradeço ao coordenador do curso, Jens Binder, sempre prestativo, a meu orientador, Zaheer Hussain, e à professora Daria Kuss. Esse mestrado abriu meus olhos para o universo da Cyberpsicologia.

Agradeço principalmente aos meus familiares. Em especial à minha esposa, por sua compreensão e sua paciência nos momentos de ausência. Não fosse ela, este livro não seria possível.

SUMÁRIO

PREFÁCIO

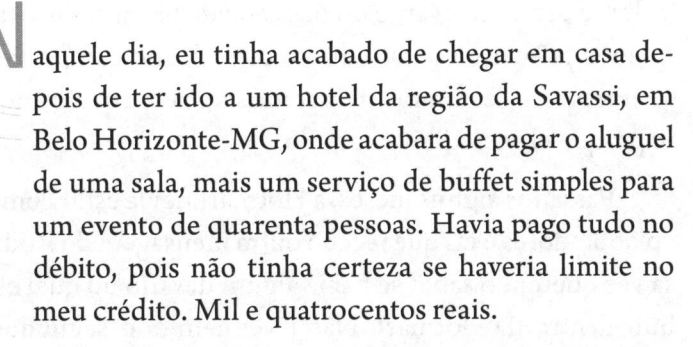

Naquele dia, eu tinha acabado de chegar em casa depois de ter ido a um hotel da região da Savassi, em Belo Horizonte-MG, onde acabara de pagar o aluguel de uma sala, mais um serviço de buffet simples para um evento de quarenta pessoas. Havia pago tudo no débito, pois não tinha certeza se haveria limite no meu crédito. Mil e quatrocentos reais.

Abri minha caixa de e-mails e lá estava uma mensagem que me chamou a atenção. Dizia algo mais ou menos assim: "Gostaria de ajudar no evento, acredito muito no que vocês estão fazendo e queria muito me envolver de alguma forma. Sem nenhum custo para vocês, quero ser voluntário. Posso fazer qualquer coisa, da parte de divulgação até carregar caixas."

O evento em questão era o TEM Talks, que estava sendo organizado por mim, por Caio Ferreira, Romulo Sousa, Seiiti Arata, Lourenço Maciel e Daniel Bender. Aquele era o primeiro evento de um mercado nascente, praticamente desconhecido e intocado na época, mas que hoje movimenta bilhões de reais somente na plataforma Hotmart. Já a mensagem... era do Rodrigo Morais.

Rodrigo foi um dos primeiros a ver o que eu já tinha visto. Aquele começo pequeno e modesto, a duras penas, era só o começo. Tudo aquilo haveria de se tornar algo grande, gigante no futuro. Assim como eu, ele sabia disso e queria se envolver. Mais do que "querer", ele foi atrás e disponibilizou o que tinha de mais valioso: seu tempo e seu conhecimento. Ele colocou suas ações no mesmo lugar em que as palavras dele estavam.

Aceitei a ajuda do Rodrigo e ele nos ajudou a organizar o TEM Talks, o primeiro evento do mercado de produtos digitais do Brasil. Esse foi meu primeiro contato direto com ele: no campo, vendo-o executar e se entregar — e puramente por missão. Sem cobrar um tostão. Puramente porque ele acreditava naquilo.

Passados alguns meses, a Hotmart devia estar com quatro, ou cinco, colaboradores e eis que recebo outra mensagem do Rodrigo Morais. Dessa vez querendo saber se havia algum desafio no qual ele pudesse contribuir dentro da Hotmart. Não levei nem dois segundos para convidá-lo para um café. E foi então que ele me contou mais uma vez que acreditava no mercado que estávamos tentando desenvolver, que acreditava na Hotmart e queria fazer parte. Ele estava pronto para largar seu emprego em uma grande montadora de veículos e se arriscar em uma startup com meia dúzia de pessoas. Era mais uma demonstração de como o Rodrigo agia fortemente com base em suas crenças, e há pouca coisa que eu valorizo mais que isso em um profissional.

Se um profissional acredita de verdade em uma empresa, ele irá lutar por ela, ele fará o que for preciso para resolver problemas, ajudá-la a crescer e tornar aquela empresa a melhor possível. E foi isso que enxerguei no Rodrigo, antes de dizer sim e torná-lo oficialmente um "trooper".[1]

---

[1] Trooper é o termo dado aos funcionários da Hotmart em referência ao filme *Star Wars*.

Dali em diante, tive a oportunidade de trabalhar diretamente com o Rodrigo por vários anos e em diversos projetos. Alguns deles muito marcantes para a empresa e que moldam o futuro da empresa ainda hoje, como, por exemplo, a criação da área de Customer Success e o lançamento do FIRE, nosso evento anual. Hoje, com 1.700 colaboradores, posso dizer que ainda existem traços do legado deixado pelo Rodrigo na Hotmart, e eles nos acompanharão por muitos e muitos anos.

Fico feliz em ver que sua experiência prática e seus estudos nas áreas de psicologia, de internet e de vendas tenham sido combinados e arranjados para formar esta obra. Inúmeras vezes vi ótimos produtos ficarem encalhados, não por serem produtos ruins, mas por não terem seu valor comunicado de maneira eficiente. Há muito mérito em criar um excelente produto, mas, se você não conseguir vendê-lo, ninguém saberá de fato quão bom ele é.

Acredito que este livro e a experiência do Rodrigo podem ser um diferencial para você, que pretende começar uma carreira online, seja como empreendedor ou como profissional de internet. Em meio a tanto ruído, distrações e informações dispersas, entender a cabeça do consumidor e saber vender nunca foi algo tão valioso.

João Pedro Resende

CEO da Hotmart

VOCÊ PRECISA SABER VENDER...

Vender é, sem dúvida, uma das principais características das pessoas bem-sucedidas. Não me entenda literalmente: talvez você esteja pensando no vendedor de carros, no vendedor porta a porta ou no vendedor de planos de saúde. Claro que essas profissões pertencem à área de vendas, mas nem todas as pessoas que trabalham nessas áreas sabem, de fato, vender.

É aí que mora o perigo.

Trabalhar com vendas não configura uma pessoa boa vendedora. A habilidade de vender não significa, necessariamente, a venda de um objeto atrelado, mas pode ser uma proposta. Uma proposta, por exemplo, de aumento de salário ou de troca de emprego. Vender é uma habilidade que falta a quase toda a população. As pessoas dificilmente sabem quanto realmente vale o seu trabalho, nem como negociar isso ao vender um serviço ou em uma entrevista de emprego. Saber vender é uma habilidade realmente necessária para todas as pessoas. Já vi pessoas brilhantes, excepcionais em suas áreas, perderem boas oportunidades por não saberem vender.

Se você está lendo este livro com o intuito de aprender sobre vendas, este é o seu lugar. Porque aqui falaremos sobre muitas coisas, mas ainda assim todas elas estão vinculadas a processos de venda. Apesar do ambiente digital aqui discutido, são as leis do universo da psicologia das vendas que imperam, porque estamos falando de psicologia humana. Como psicólogo e pesquisador de cyberpsicologia, posso realmente afirmar que, enquanto a tecnologia alcança todos os dias novos patamares, nós ainda estamos funcionando psicologicamente como há centenas de anos. O que difere a psicologia de um anúncio na internet ao dizer "98% das matrículas preenchidas" do vendedor que no século XIX oferecia em cima de uma charrete as últimas unidades de um remédio revolucionário que curava moléstias diversas? A estrutura psicológica disso é a mesma, o que difere é o *modo* de venda.

Portanto, quando falo para você que vender é uma necessidade real, estou falando que a habilidade de vendas atravessa gerações. Se você não sabe vender, precisa aprender. E aqui neste livro haverá espaço para você aprender em demasia sobre todas as estratégias de vendas que aprendi ao longo da última década, em uma interface impressionante entre a cyberpsicologia e o marketing. Falarei sobre processos de vendas online direcionados para milhares de pessoas simultaneamente. E mostrarei como técnicas e estratégias de comunicação são fundamentais para que as vendas aconteçam pela internet.

Mostrarei passo a passo a estruturação de um negócio online. O que fazer, como fazer, quais caminhos seguir e, definitivamente, por onde começar. Os exemplos listados neste livro são basicamente da minha área de atuação: sou CEO de uma empresa de lançamentos de cursos online, a Web Mentoring. Vendemos cursos online de múltiplos nichos, e nos números atuais (2021) já atingimos mais de 50 mil alunos pagantes. Porém, as técnicas aqui apresentadas poderão ser utilizadas em outros contextos, sem dúvida alguma. Porque, como eu disse, a psicologia continua a mesma, independentemente do tempo.

Percorreremos rapidamente a história da psicologia, fundamental para entendermos como ela se transformou em uma ciência definitiva. Por que a psicologia é importante? Porque para entender de vendas é preciso entender de gente. O marketing tradicional não se preocupa muito com isso e vejo, incessantemente, centenas de profissionais que vendem sem entender a psicologia do processo. Estão agarrados a técnicas de persuasão em vendas, necessárias obviamente, mas que são apenas um pequeno detalhe dentro do universo do processo de vendas. Encaro o marketing online da mesma forma que um processo terapêutico, no qual o psicólogo tem o dever de escutar o cliente ativa e empaticamente. Entendo que, além de performar melhor, humanizamos o nosso processo de vendas. Deixamos de olhar números na tela e olhamos verdadeiramente para as pessoas.

Também falarei sobre a cyberpsicologia, que é o estudo do comportamento humano frente as novas tecnologias. Por que esse assunto é importante? Porque, enquanto as novas tecnologias são disponibilizadas à população, seus efeitos a longo prazo ainda são um grande mistério. Não estávamos preparados para tanta revolução. Nossos corpos funcionam como há milhares de anos e esse processo de adaptação muitas vezes pode ser doloroso.

Existem estudos cientificamente comprovados que relacionam o uso demasiado da internet com os mesmos mecanismos cerebrais que são ativados por meio do vício em álcool. É um assunto sério, importantíssimo e negligenciado por quase todo mundo que utiliza a internet, em especial as grandes empresas.

Ao falar de tecnologia e de pessoas, e ao entender esse processo, de como as pessoas se relacionam, por que se relacionam, e seus efeitos diversos, estamos falando de cyberpsicologia. Sem dúvida alguma, não poderíamos deixar de compreender a relação dela com os processos de vendas online. Porque do outro lado da tela estão pessoas, decidindo em tempo real se desejam determinado produto ou não. Ouso dizer que o marketing digital é uma interface entre o marketing tradicional e a cyberpsicologia, tamanha é a fusão de sua experiência e de sua aplicação.

Obviamente, demonstrarei a interface da cyberpsicologia com os processos de vendas online. Esse tema não é nada trivial,pois, quanto mais você procurar entender a psicologia por trás das decisões de compras online das pessoas, mais fácil será para você efetuar uma venda. Sempre encare esse processo como a metáfora da terapia que citei anteriormente.

Por fim, falaremos bastante a respeito das estratégias digitais diversas, sua aplicabilidade, como e o que fazer para começar, passo a passo. Depositei aqui neste livro dez anos de estudos e de atividade prática, que geraram algumas dezenas de milhões de reais em vendas pela internet. Tenho certeza de que, ao ter contato com o livro, e também por meio dos exercícios práticos, você saberá o que fazer. Digo "contato" mesmo, porque não será necessário finalizar o livro para entrar em ação. Você entenderá toda a mecânica associada a um processo de venda digital. O que escrever, como apresentar uma proposta, como vender.

Este é um livro prático. A leitura inicial focará um grande processo de contextualização, mas, sem dúvida alguma, a maior parte do livro contém lições práticas, confiáveis e, principalmente, testadas. Não se trata de um assunto meramente teórico, mas exaustivamente praticado ao longo do tempo. Por isso, sugiro que você leia estas páginas atentamente, volte algumas passagens nas quais tenha ficado alguma dúvida e procure pelas referências aqui citadas. Eu escrevi este livro para que você possa realmente transformar sua vida, assim como eu transformei a minha por meio do marketing digital e da psicologia.

UMA BREVE HISTÓRIA DA PSICOLOGIA

Afinal, o que é psicologia? Esse é um termo popular e com o qual você provavelmente já teve bastante contato, mas qual é o seu significado real? Vamos lá, a psicologia é o estudo do comportamento humano por meio dos seus processos mentais (sentimentos, pensamentos etc.). É o estudo dos fenômenos que ocorrem com os seres humanos, sua interação com o ambiente e a influência de ambos sobre si.

A psicologia gosta, cuidadosamente, de chamar os seres humanos de Sujeitos. Dessa forma mais "imparcial", é mais conveniente citar exemplos por meio de estudos científicos profundos. De repente, você pode se deparar com o termo "Sujeito" por aqui, mas não ache estranho, é um hábito de quem é formado em psicologia.

A psicologia se preocupa em entender os comportamentos humanos e, principalmente, oferecer meios para que possamos superar os desafios de nosso tempo. Não é uma ciência comparada à medicina, pois muitas vezes não possui uma visão determinista e organicista como a área médica, porque a psicologia, em muitas correntes psicológicas, considera que o Sujeito é muito mais do que simplesmente um conjunto de órgãos funcionando. Dessa forma, a psicologia inclusive pode se "mesclar" a um pensamento mais filosófico, porém, na maior parte das correntes psicológicas, existem milhares de estudos científicos que validam essas propostas teóricas. O fato é: a psicologia propõe a melhora da qualidade de vida das pessoas por meio de estudos e de técnicas que podem facilitar a vida de todos.

Ao discutirmos sobre as origens da análise do comportamento, é fundamental a compreensão de que isso é de interesse humano há milênios. De literaturas teológicas como a Torá, ou a Tripitaka, do budismo, a humanidade está em busca de compreender o comportamento e normatizar padrões de convívio coletivo há muito tempo. As mesmas ideias se repetem na filosofia grega: Aristóteles, por exemplo, questionava como funcionava a motivação humana. Os exemplos são inúmeros, mas o termo "psicologia" como conhecemos atualmente surgiu há pouco mais de um século.

Wilhelm Wundt (1832-1920) e William James (1842-1910) são os dois cientistas que, ao final do século XIX, propuseram o termo psicologia como conhecemos hoje. Ao mesmo tempo, outro autor importante trabalhava para entender os aspectos psicológicos de seus pacientes, seu nome era Sigmund Freud (1856-1939) e ele trabalhava juntamente com Josef Breuer (1842-1939). Freud era considerado aluno de Breuer e ambos investigavam o fenômeno da "histeria" com o qual algumas de suas pacientes eram acometidas. A partir dos achados históricos e das investigações de ambos, Freud criou os pressupostos do que conhecemos hoje como psicanálise.

Entretanto, a psicologia moderna atribui a Wundt e a James os fundamentos da psicologia científica, por intermédio de testes sistematizados já realizados em sua época. Por meio do trabalho inicial de ambos, a epistemologia da psicologia possui estrutura e evidências o suficiente para que seja considerada uma ciência, lado a lado com a medicina, a astronomia, a biologia etc. Wundt é considerado o pai da psicologia empírica, que mais tarde, ao passar por inúmeras evoluções, tornou-se a psicologia do comportamento.

Em seguida, John B. Watson (1878-1958) introduz o conceito de "behaviorismo", ou seja, em tradução direta, o comportamento como objeto a ser estudado pela psicologia comportamental. Watson foi o psicólogo norte-americano considerado o pai desta nova ciência. As teorias de Watson e Wundt divergiam em alguns aspectos, mas ambos são fundamentais para o que conhecemos da psicologia atualmente.

> "...esta ciência (psicologia) tem de investigar os fatos da consciência, suas combinações e relações, de tal modo que possa, finalmente, descobrir as leis que governam tais relações e combinações." (WUNDT, 1973 [1912], p. 1).

O behaviorismo de Watson abriu portas para que fosse sistematizada a análise do comportamento por meio de testes estruturados, identificáveis e verificáveis.

A psicologia comportamental é, sem dúvida alguma, uma das principais correntes psicológicas vigentes. Por meio dela, outro psicólogo proeminente ampliou a sua estrutura. B. F. Skinner (1904-1990) foi o fundador de uma ciência que surgiu a partir do behaviorismo, chamada de Behaviorismo Radical. Skinner marcou para sempre a psicologia norte-americana e, por consequência, a psicologia do ocidente. Ao longo de sua vida, Skinner produziu uma obra vasta, considerada uma visão de mundo, que aborda inúmeras áreas do conhecimento (MICHAEL, 1980).

Resumidamente: considere que o principal campo de estudo de Skinner era a análise do comportamento, ou seja, por que as pessoas agem de determinada maneira, como o ambiente pode influenciar esse comportamento, e o pensamento como um tipo de comportamento também.

A partir dos anos 1950, outras correntes psicológicas surgiram, que são chamadas de ondas (primeira, segunda e terceira) da psicologia cognitivo-comportamental. Porém, não adentraremos nesse tópico, afinal não trataremos de aspectos técnicos de correntes de teorias psicológicas aqui, pois não vejo necessidade. Caso você ache a temática interessante, pesquise. O mais importante aqui é que você entenda que a psicologia, assim como a astronomia ou a medicina, continua em evolução e uma preocupação enorme da psicologia baseada em evidências é a revalidação/atualização de suas teorias.

Um teórico da metodologia científica, fundamental para a psicologia como é vista hoje, é Karl Popper (1902-1994). Sua teoria da falseabilidade é um dos baluartes da psicologia contemporânea, uma vez que todas as correntes teóricas podem ser contestadas a partir de pesquisas e de testes. Qualquer tipo de "psicologia" que se considera infalível, inquestionável, e que não passa por mudanças ao longo do tempo pode ser vista como pseudociência. Essa é uma discussão importante, pois ainda hoje existem práticas que são vistas como psicologia baseada em evidências e não são, como a psicanálise e a constelação familiar, por exemplo.

Não me entenda mal sobre a psicanálise. Ela foi fundamental para o seu período, para criar uma perspectiva de "cura" por meio da escuta e da fala do Sujeito, mas a neurociência não consegue validar muitos dos pressupostos da psicanálise (como inconsciência, complexo de Édipo e a natureza de alguns transtornos mentais como esquizofrenia). Por exemplo, qual é a localização do inconsciente no cérebro? Como comprovar o complexo de Édipo por meio da neurociência? Não existem respostas. Freud possui textos brilhantes, como *O Mal-estar da Civilização* e *Totem e Tabu*, dignos de um antropólogo excepcional, que nos fazem refletir sobre os propósitos da humanidade. Mas, dentro da perspectiva da neurociência, trata-se de uma pseudociência.

E aqui chegamos aos dias atuais. Todas essas ciências foram produzidas para compreender a natureza humana em ambientes reais. Ou seja, por meio de interações empíricas, pois quando fundadas ainda não existiam as tecnologias atuais. Os computadores pessoais, "parecidos" com os dias de hoje, surgiram no fim dos anos 1970 e eram extremamente limitados operacionalmente. Não havia ainda a possibilidade de comunicação ilimitada por meio da internet, nem jogos eletrônicos que produzem dependência, nem relacionamentos virtuais.

Como a psicologia poderia se adaptar a esses novos eventos? O emergir da tecnologia ao se vincular com a humanidade fez surgir um novo tipo de "Homem". A psicologia foi se adaptando ao longo dos anos, mas ainda era limitada. Faltava uma proposta que pudesse englobar essa nova realidade. As tecnologias emergentes surgiam constantemente, mais rápido do que tudo o que havia sido construído ao longo de séculos.

Assim surgiu a necessidade de a psicologia compreender os fenômenos do comportamento a partir das novas tecnologias.

Assim surgiu a cyberpsicologia.

O QUE É A CYBERPSICOLOGIA?

Estamos na era das tecnologias. Durante o século XX, e agora no XXI, evoluímos em pouquíssimos anos o que levamos gerações para fazê-lo. O que está acontecendo é uma verdadeira revolução tecnológica, em que as evoluções tecnológicas crescem exponencialmente, enquanto nós, como organismos biológicos, não acompanhamos o ritmo. É importante acompanhar o site que organiza a evolução da tecnologia de acordo com o tempo, chamado "Our World in Data". Por meio dele podemos ver as séries impressionantes de evoluções tecnológicas que estamos passando. Em 1956, um HD (disco rígido) da IBM de enorme tamanho armazenava "apenas" 5MB em sua época, quantidade considerada revolucionária, enquanto hoje temos acesso a chips micro SD de 128GB, por preços acessíveis e com grande disponibilidade.

Os cenários da revolução tecnológica e exponencial são inúmeros, tanto na biologia quanto na medicina, astronomia, nanotecnologia, microchips etc. Invariavelmente, toda essa evolução afetaria as condições humanas. Claro que a maior parte destas tecnologias foi pensada para facilitar a vida dos seres humanos. O fato de você estar lendo, possivelmente, este livro por meio de um tablet é um exemplo claro de como a tecnologia pode democratizar o acesso à informação. Ou como os celulares da forma que conhecemos hoje revolucionaram a maneira que nós, humanos, podemos nos comunicar.

Como vivemos em uma sociedade essencialmente capitalista, o interesse econômico por essas descobertas é fundamental. Afinal, para que alcancemos tais novidades, precisamos de investimentos em pesquisas e em recursos humanos. Por outro lado, o interesse econômico traz consigo a premissa da disponibilização de uma tecnologia, sem privilegiar, essencialmente, a qualidade de vida humana. Por exemplo: o mesmo celular aqui citado, que transformou a comunicação humana, pode ser um dispositivo que causa danos severos ao seu usuário. O uso demasiado do dispositivo, que gera determinado tipo de vício, tem se tornado cada vez mais comum na sociedade contemporânea.

O fato é que, enquanto não houver uma discussão profunda e social sobre o uso das tecnologias emergentes, estaremos à mercê das tecnologias e dos vícios ou danos que elas podem causar em nosso organismo e nosso meio social. A psicologia está interessada nos comportamentos humanos, e a cyberpsicologia está interessada nos comportamentos humanos diante das novas tecnologias.

A cyberpsicologia é, essencialmente, uma área do conhecimento que investiga, exclusivamente, a relação do homem diante das novas tecnologias. Ela busca entender os nossos hábitos na internet e como o nosso comportamento offline pode ser influenciado pelo contexto digital. Mais importante, é uma área que reforça a necessidade e a preocupação sobre a influência que a tecnologia tem sobre nós.

Um dos principais autores em cyberpsicologia é John Suler, professor de psicologia e PhD em psicologia clínica pela universidade estadual de Nova York. Um dos estudos mais profundos de John é sobre a capacidade de desinibição online das pessoas (SULER, 2004). Por que as pessoas tendem a ser mais tímidas na vida offline do que na online? Quais são os motivadores? Quais são as implicações e as consequências desse comportamento na vida das pessoas? As perguntas são inúmeras.

Algumas das áreas da cyberpsicologia são:

- Psicologia da internet.
- Ambiente virtual.
- Dispositivos de rede.
- Inteligência artificial.
- Amplificação da inteligência.
- Engenharia social.
- Privacidade online.
- Cyberbullying.
- Cyberpsicologia forense: evidências de comportamento manifestadas no cybercontexto.
- Reforçamento intermitente dos aspectos da internet — vício em internet.
- Cybersegurança.
- Cybercondria: o ato de sentir um sintoma e ir buscar na internet seus fatores, saltando para câncer e causando ansiedade.
- Reações de transferência.
- Trans-humanismo.
- Vigilância.
- Desindividualização.
- Neuropsicologia da computação.
- Captologia.

Perceba que as temáticas da cyberpsicologia são inúmeras e englobam, definitivamente, diversos aspectos da relação dos seres humanos com a tecnologia. Os temas citados anteriormente são tão vastos que fatalmente resultariam em um livro específico sobre o assunto, mas manteremos a lógica de entender a cyberpsicologia e sua influência em contextos de marketing para venda.

Podemos destacar as áreas:

- Psicologia da internet.

- Ambiente virtual.

- Inteligência artificial.

- Privacidade online.

- Reações de transferência.

- Captologia.

Tratemos esses conceitos a fim de serem específicos para área de marketing e vendas. Entendam também que marketing e vendas são apenas uma das características de cada uma dessas áreas, que são formadas por inúmeros outros elementos.

PSICOLOGIA DA INTERNET

Se a psicologia é o estudo do comportamento humano, a psicologia da internet seria o estudo do comportamento humano diante da internet. Dentro dessa perspectiva, algumas áreas merecem absoluto destaque. O que fazemos na internet e por que fazemos? A nossa identidade digital é igual à offline? Podemos conhecer verdadeiras amizades e amores pela internet? Podemos aprender utilizando a internet? Por que as notícias falsas funcionam tanto? Por que e como funciona o cyberbullying? Por que muitas pessoas viciam em redes sociais ou em jogos online? Podemos escolher priorizar sempre uma compra online em vez da offline? E, além disso: uma compra online é tão confiável quanto uma offline? Essas são algumas das infinitas perguntas que a área da psicologia da internet procura investigar.

Quando falamos sobre processos de venda online, podemos perceber como algumas das temáticas dessas perguntas se relacionam com as ações de vendas produzidas por empresas. A temática do aprendizado pela internet tem se tornado cada vez mais uma verdade absoluta. O fórum econômico mundial, afirmou, por exemplo, que a COVID-19 transformou a educação online para sempre (WORLD ECONOMIC FORUM, 2020). O próprio fórum posiciona-se a favor da educação online ao dizer que existem pesquisas científicas em andamento que afirmam que a retenção de informações para o ambiente online é mais eficiente que a offline.

Além disso, muitas pessoas têm problemas de timidez e encontram a possibilidade de socializar por meio da internet. Essa pequena exposição e essa atitude de enfrentamento acabam impactando na vida offline das pessoas. Ao se matricular em um curso online, o Sujeito poderá ter contato com outros colegas e trocar experiências, uma oportunidade que seria muito mais difícil caso fosse provocada exclusivamente pelo ambiente offline.

Com o passar dos anos, a confiança das pessoas tem aumentado cada vez mais na decisão de compras online. Se marcas utilizam canais cross-media para impactar os possíveis compradores, a decisão de realizar uma compra online passa a ser mais atraente, em especial pelas condições e pelos melhores de preços, uma vez que as empresas não precisam manter grandes lojas e funcionários para atuarem, o que impacta diretamente no preço dos produtos. E a psicologia da internet quer entender os mecanismos pelos quais as pessoas decidem fazer essa compra.

Inclusive, considero que a psicologia da internet, quase um sinônimo da cyberpsicologia, está enraizada em todo este livro, como você continuará enxergando nas próximas páginas.

 AMBIENTE VIRTUAL

Quando discutimos o cyberespaço, ou seja, o ambiente virtual, temos de considerá-lo como uma realidade "paralela" ao mundo real. Nesse ambiente, temos uma identidade que nos representa. Essa identidade possui características, gostos particulares e se relaciona com outras pessoas. Dentro das perspectivas de vendas e de marketing, é importante notar como os clientes se comportam, suas preferências e seus desejos, e ter uma escuta ativa dentro desse cenário. Por razões óbvias, a ideia de ambiente virtual pode ser mais bem compreendida quando encaramos os cenários dos jogos online, nos quais personagens vivem em universos de fantasias. Mas você precisa entender que, se existe um perfil em uma rede social como o Facebook ou o Instagram, existe ali um ambiente virtual com hábitos e premissas de convívio. Entender que não é o caso simplesmente de uma interação entre pessoas, mas uma possibilidade concreta de extensão da relação humana, fará com que você esteja muito mais à frente do que qualquer outra pessoa que criará mecanismos de vendas pela internet.

Uma plataforma de estudos direcionada a alunos de cursos online é um verdadeiro organismo vivo, um ambiente virtual no qual as pessoas se encontram, trocam ideias e compartilham até mesmo seus segredos mais íntimos. A internet é uma extensão das relações humanas e devemos entender que isso se expandirá cada vez mais.

INTELIGÊNCIA ARTIFICIAL

A inteligência artificial é um dos assuntos da atualidade. A vastidão de aspectos que influenciam e influenciarão a vida humana são incontáveis. Existem inúmeros livros a respeito disso, mas aqui focaremos um comentário sobre como as inteligências artificiais facilitam processos de venda. Não é raro encontrar um "bot" que tira dúvidas em sites de venda de diversos nichos diferentes. Do e-commerce à venda de cursos online, bots estão disponíveis para responder às pessoas em tempo real. Esses bots evoluem de acordo com o tempo, preveem possíveis objeções destacadas pelos clientes e as argumentam. Compilam as informações que não entendem e um humano, responsável pela configuração do bot, pode incrementá-lo e deixá-lo ainda mais perfeito. Inclusive, a ciência já tem conduzido pesquisas muito interessantes sobre esse assunto: a interação com bots tem gerado impacto positivo no bem-estar das pessoas (SKJUVE, 2021).

Porém, a inteligência artificial ainda é mais ampla do que simplesmente o funcionamento de um bot. Podemos elencar as experiências online que são dinâmicas e específicas dentro das expectativas dos usuários. Muitos sites utilizam esses mecanismos ao armazenar cookies (por isso a importância de uma legislação como a Lei Geral de Proteção de Dados — LGPD), que fornece uma experiência dinâmica e única ao usuário. Essa personalização é algo fundamental para a tomada de decisão de compra de um cliente.

Já vá pensando em entender melhor das ferramentas e da temática de inteligência artificial, caso queira ter longevidade no negócio online.

PRIVACIDADE ONLINE

Como mencionado, a LGPD é um marco importante no controle das informações privadas dos usuários e exigirá das empresas que se relacionam com os clientes por meio da internet uma adaptação extrema para a composição de suas estratégias de vendas. Caso contrário, cometerão crimes. Plataformas como o Facebook e o Google possuem inúmeras informações importantes e privadas de seus usuários. Você pode verificar isso ao pesquisar sobre o tema. Quando você encontra as informações que a empresa tem de você, um susto é uma reação natural. Essas informações eram partilhadas com terceiros e, considerando a psicologia de informações tão preciosas, as empresas poderiam se "aproveitar" das fragilidades emocionais dos potenciais compradores ao criar estratégias específicas que as atacam. O tema da privacidade online é extremamente fundamental para qualquer pessoa que deseja fazer vendas online. E, não menos importante, quando receber a visita de um cliente ou não, que ele confirme que está ciente de que os dados de navegação dele serão armazenados por você.

Dentro de pouco tempo, as multas e as sanções às empresas que praticam ilegalidades e estão fora da LGPD serão mais expressivas e ninguém se atreverá a cometer tais delitos. Quanto antes se preocupar com a temática, mais preparado estará para ter longevidade nesse negócio.

REAÇÕES DE TRANSFERÊNCIA

O termo pode ser encarado pelo conceito de transferência da psicanálise, mas caminharemos por um caminho mais encurtado e simples de entender: a reação de transferência é o processo de espelhamento comportamental que um sujeito pode atribuir a outra pessoa, baseado em alguma experiência prévia. Por exemplo, a pessoa sente que o chefe se parece muito com seu pai. Esse sentimento não é tão incomum assim, não é mesmo? Pois então, ele também acontece, invariavelmente, pela internet. Entendo que as pessoas irão "transferir" para outras algumas características próprias ou de pessoas que pertencem ao seu ciclo social, mesmo no ambiente online, e isso dará uma "vantagem" ao compreender melhor o processo de interação com os clientes.

Ao criar um processo de comunicação persuasivo com o cliente, entendendo que de alguma maneira essa pessoa pode espelhar no vendedor um comportamento de um parente ou de si mesma, essa é uma enorme vantagem para realizar *rapport* (criar uma ligação empática com a pessoa). E no aprofundamento do *rapport* é natural que uma venda aconteça.

A experiência das reações de transferência acontece o tempo inteiro no ambiente digital. Uma atenção focada nesse aspecto certamente dará vantagens significativas a quem as conhecer e souber empregá-las em um processo de venda.

 ## CAPTOLOGIA

Este é, sem dúvida alguma, um dos temas que eu mais gosto dentro da cyberpsicologia. Você, provavelmente, sabe o que significa persuasão. Diante das tecnologias emergentes, foi necessário "evoluir" esse conceito, fundindo a tecnologia à persuasão. O termo captologia vem do anacronismo "Computers as Persuasive Technologies", ou seja, "Computadores como Tecnologias de Persuasão". Esse termo foi desenvolvido pelo doutor B. J. Fogg. A captologia é o estudo das interações humanas com a tecnologia e o processo de persuasão neste contexto. É, literalmente, como as "máquinas" podem nos persuadir e nos influenciar. Quando você interage com uma pessoa pelo computador, você utiliza a máquina como um meio de comunicação, mas quando a máquina por si só, sem intervenção humana naquele momento, o convence a realizar determinada ação, isso é captologia.

Por exemplo: ao acessar determinado site com a finalidade de comprar um curso online, você assiste ao que chamamos de "vídeo de vendas" e lê as informações na página que conectam aos seus desejos ou dores. Um bot aparece no canto da tela e está à disposição para tirar suas dúvidas. Finalmente, você foi convencido a fazer a compra.

Isso é captologia.

Essa matéria é, sem dúvida, um pequeno embrião em desenvolvimento, que irá evoluir a níveis impensáveis atualmente. Porém, os resultados da máquina como instrumento de persuasão são impressionantes ao serem analisados. E, por isso, ao desenvolver qualquer processo de vendas, você deve visualizar que a máquina fará o processo de convencimento em boa parte do processo e não você ou seu time de vendas. Ter isso em mente, assim como as outras temáticas, vai deixá-lo à frente no tempo, e, mais uma vez, mais longevo nesse mercado.

PROFILING (E O QUE SABEMOS SOBRE ISSO)

Quando falamos sobre tecnologia, em especial as tecnologias utilizadas pelas redes sociais, uma temática importante é a respeito do que as redes sociais sabem sobre nós e como elas enquadram o seu funcionamento baseado em nossas expectativas previsíveis. Considerando os dados gerados pelos usuários em uma escala relevante, o que chamamos de *big data*, seria possível desenvolver algoritmos capazes de prever e "induzir" o nosso comportamento?

É por aí que entramos na ciranda do profiling (perfilamento).

Esta é uma discussão importante, porque implica também uma discussão ética. Até que ponto as redes sociais e as tecnologias em geral podem evoluir? Existe um limite do que elas podem fazer em relação à automação? Se os algoritmos continuarem evoluindo sem algum tipo de regulamentação, quais serão as possíveis consequências?

O fato é: o uso indiscriminado da tecnologia e das redes sociais gera resultados que impactam negativamente outros aspectos da vida do indivíduo, como sociais, pessoais e até mesmo a saúde. E, de alguma forma, temos de entender a importância que as grandes empresas têm nesse contexto e o que elas precisam fazer para que o impacto negativo seja suprimido ou, na melhor das hipóteses, tornar-se irrelevante.

Utilizamos tais mecanismos para realizar nossas ações de marketing, mas devemos considerar constantemente o limiar entre o faturamento e a ética. Obviamente, dá para ser ético e faturar. E essa é uma demanda que o mercado deveria considerar ao executar cada uma de suas ações.

Porque um cenário que não desejamos são as automações evoluírem sem nenhum tipo de restrição e manipulações em massa acontecerem. Usa-se a premissa de que os usuários são adultos e sabem o que fazem, mas existem limites que devem ser estabelecidos. As indústrias de tabaco e álcool, por exemplo, sofrem certas restrições para que funcionem.

Por que não podemos levantar a mesma discussão para o aspecto da tecnologia? Essa discussão é fundamental.

Podemos fazer marketing, podemos utilizar a inteligência das ferramentas online, mas não podemos nos esquecer de que existem pessoas do outro lado e devemos a todo custo privilegiar a sua saúde mental e seu bem-estar.

O profiling com o marketing direcionado é uma forma excepcional de venda, mas o nível da ética deve ser mantido com a mesma proporção. Quanto mais você direcionar, quanto mais você for específico para a dor de uma pessoa, mais eficiente seus anúncios e estratégias serão. Agindo eticamente, e respeitando empaticamente as pessoas, você pode com certeza utilizar de ações de targeting marketing para sua audiência.

A INTERFACE ENTRE A CYBERPSICOLOGIA E O PROCESSO DE VENDAS ONLINE

No capítulo anterior vimos o que é cyberpsicologia e suas inúmeras áreas de estudo, com enfoque em marketing. Mas, para explicar como ela se relaciona com o que faço hoje, como especialista em marketing, preciso contar um pouco sobre mim. A minha escolha pela psicologia foi uma decisão de cunho pessoal, mas eu sempre pensei que poderia trabalhar pela internet. E, ao fazer o curso de psicologia, enquanto trabalhava com a internet, tudo foi fazendo mais sentido. A forma como eu me comunicava, como criava contextos de vendas, como humanizava os atendimentos... Tudo isso faz muito sentido com marketing.

Hoje, posso ousar dizer que, com a experiência acadêmica aprendida e a experiência em marketing, geradora de algumas dezenas de milhões de reais em vendas, a interface entre a psicologia e o marketing é tão grande que considero o marketing como um tema pertencente ao campo da psicologia. Marketing é psicologia, venda é psicologia.

Porém, cada ação que eu aprendi na área da acadêmica precisou passar por adaptações ao contexto online. Por exemplo, quando era gerente de suporte da Hotmart, a maior plataforma de distribuição de conteúdo digital da América Latina, implementei o processo de atendimento humanizado. Antes, ao enviar um e-mail para a empresa, quem respondia era a Hotmart Company. Depois da minha passagem, os atendimentos se tornaram personalizados por agentes com fotos individuais, pessoas reais que acolhiam verdadeiramente os clientes.

Eu não poderia chamar aquilo de psicologia clássica, mas também não poderia chamar de marketing online ou tradicional. Sempre senti um desconforto grande no posicionamento, porque as ações mescladas de psicologia e de marketing eram híbridas e, até então, não realizadas por ninguém. Ao me deparar pela primeira vez com o termo cyberpsicologia, em 2019, vi que tudo fez mais sentido do que nunca: eu fazia cyberpsicologia sem conhecer a mesma. E cada vez que me aprofundava mais no tema percebia que muitos assuntos do marketing, que já conhecia em profundidade, poderiam ser acolhidos ou fazer parte da cyberpsicologia como instrumento de execução da minha identidade profissional.

É por isso que, neste livro, você verá, a partir de agora, inúmeros conceitos do marketing online e tradicional, porém desta vez aplicados ao contexto da cyberpsicologia. Você os verá na prática, como um passo a passo de como eu comecei o meu negócio digital e o caminho exato que segui para chegar até aqui. Os relatos serão práticos, numa narrativa bastante individual, e em boa parte do tempo lhe provocarão a necessidade de realizar atividades.

Lembre-se sempre: apesar das minhas referências no livro, citadas apropriadamente, esta é *minha* experiência, esta é a *minha* história. Não posso prometer que você alcançará os mesmos resultados, mas posso lhe prometer que ensinarei exatamente aquilo que aprendi ao longo dos mais de dez anos de marketing digital.

Como bom marketeiro e psicólogo, eu amo histórias ou metáforas das quais possamos tirar valiosa lição. E a partir de agora conto uma pequena história de como minha vida se transformou com o marketing digital e como este mundo novo pode pertencer a qualquer pessoa que o deseje e trabalhe para conquistá-lo.

Vamos lá?

Eram 14h30. Eu estava na torre Eiffel, realizando um sonho antigo com a minha esposa, Luciana. Nós sempre desejamos viajar e viver como nômades digitais; esse era o nosso sonho. Então, planejamos a nossa viagem para a Europa; a sensação de viver aquela experiência era indescritível.

Porém, às 14h30 recebo um alerta no meu celular de que uma de nossas campanhas online estava fora do ar. Sorte a minha que em todos os países que eu vou utilizo simcards para manter a internet comigo durante 24 horas por dia.

E diante daquele visual encantador de Paris interrompi esse momento de admiração para resolver o problema:

"Matheus, beleza? Desculpa te ligar assim, meio do nada. Mas a página de vendas do Curso Profissão Maquiadora está fora do ar."

"Opa, deixa eu verificar aqui."

"Matheus, a gente tá enviando tráfego constantemente para essa página, temos que corrigir isso rápido!"

"Calma aí, Rodrigo, estou olhando com o Renan (programador) agora..."

Trinta minutos se passaram, e nada.

Eu não queria descer da torre, porque ainda queria admirar o visual que aproveitei pouco. A Luciana também não, e ficamos ali aguardando, mas ao mesmo tempo apreensivos. Porém, a notícia boa veio logo e, finalmente, tudo estava certo.

Acredito que seja importante compartilhar este tipo de história, porque ela é a realidade de quem vive de negócios na internet.

A qualquer hora pode acontecer algum problema e você deve interromper tudo o que estiver fazendo para agir rapidamente e solucionar a questão. Não é fácil. Nem sempre você consegue resolver tudo rapidamente. De uma hora para outra seu negócio vira de cabeça para baixo, sem aviso prévio, e não há alternativa senão parar tudo e resolver o que está acontecendo.

Entretanto, na maior parte do tempo tudo funciona bem.

É um mar de tranquilidade. Você pode viajar para qualquer lugar, desfrutar dos melhores destinos, passeios, companhias, bons vinhos e comida.

É maravilhoso trabalhar com marketing digital.

Há muito mito a respeito do que nós fazemos. Muita gente olha quem trabalha com isso e acha que a pessoa ganhou na loteria. Supõem que não há esforço, que é pura sorte, que essa onda vai abaixar e você vai ter que começar tudo de novo...

Mas que negócio não é assim?

É importante termos cuidado sempre, independentemente do tipo de negócio.

Assim como eu em Paris, outros amigos que conheci ao longo da jornada em cidades totalmente inóspitas do Brasil, ou até mesmo em Bangkok, passam por desafios parecidos.

Muita gente acredita que eles deram sorte, mas não sabem de todo o trabalho que tiveram...

Há muito esforço.

> Nossa empresa já vendeu alguns milhões de reais exclusi-
> vamente pela internet, utilizando diversas estratégias, mas a
> principal delas é o Funil de Vendas.
>
> Ao criar um funil de vendas você acaba descobrindo que
> está criando uma verdadeira jornada do cliente. Não se tra-
> ta apenas de vender um produto ou dois, trata-se de criar
> fãs, um verdadeiro exército que defende a sua marca e está
> disposto a investir em novas soluções assim que você liberar
> esta oferta na internet.

O marketing digital e a cyberpsicologia transformaram a minha vida, a da minha família e a de tantos outros *players* do mercado que eu conheço. E sei que isso vai acontecer com você também.

Contra fatos não há argumentos. Todos os funis aqui apresentados foram testados. Alguns com performances gigantescas, outros nem tanto, mas todos, sem dúvida alguma, tiveram ROI[1] positivo.

Veja atentamente as instruções deles. E fique tranquilo, nada será muito técnico. Se você por acaso se perdeu nesse universo de técnicas e estratégias de marketing digital, eu sei bem como é isso. Também passei pela confusão causada por algumas pessoas que queriam soar inteligentes quando complicaram o que deveria ser simples.

De repente você está se perguntando neste momento: como um psicólogo que trabalha com marketing digital faz esses lançamentos milionários?

Conto agora. Veja como a vida guarda grandes surpresas...

---

[1] Retorno sobre investimento.

 POKER ONLINE

No final de 2005, eu tinha apenas 17 anos e, ao voltar do meu antigo colégio (estadual central em Belo Horizonte), parei em uma banca de revista com um amigo. Recordo que ao ler a capa da revista *Veja* havia uma chamada que me deixou curioso: "Brasileiro abandona a faculdade e vive exclusivamente de poker pela internet."

Fiquei bastante intrigado.

E, apesar do pouco dinheiro à época, acabei comprando aquela revista somente por causa dessa matéria.

No caso, a revista falava do jogador profissional de poker Christian Kruel, um carioca que havia largado a faculdade para se dedicar exclusivamente ao esporte — diga-se de passagem, novidade naquela época chamar poker de esporte! — e viver do poker.

Na verdade, Kruel acabou abrindo o jogo e dizendo como fazia para viver do poker, especificamente do poker online. Não fazia a menor ideia de que aquilo existia, mas ver uma pessoa falar que estava vivendo de algo proveniente da internet me deixou bastante interessado. Então, em meio as técnicas que ele acabou revelando em partes, ele disse que utilizava duas plataformas para jogar online: PartyPoker e PokerStars.

Após ler tudo isso, ainda assim não conseguia acreditar.

Eu precisava testar, era bom demais para ser verdade.

Então, após ler a matéria, comecei a fazer minhas pesquisas na internet sobre como funcionavam as regras do poker. O mais legal desta época, em 2005, quando existia o finado Orkut, não tínhamos acesso a fontes de conteúdo como o YouTube, então todo o aprendizado vinha de sites dispersos, e era quando acabávamos rezando para que, ao clicar no link de um site, pudéssemos aprender alguma coisa útil.

E transcorreu assim por várias semanas. Conciliando estudos até que os terminasse e me dedicasse ao conhecimento do esporte.

Minha família não aceitou bem essa situação. Quando eles souberam que eu estava começando a jogar poker online — mesmo que fictício — se preocuparam e me disseram que não seria bom seguir por aquele caminho... Mas eu já tinha sido mordido pela proposta de trabalhar pela internet, não dava para abandoná-la assim.

Até que descobri a existência de um site que era um tipo de escola online de poker e, ao se formar, você recebia US$50 de investimento em uma das diversas plataformas de poker online. Estudei incansavelmente até que, finalmente, consegui passar na prova!

Lá estavam meus US$50 depositados no PartyPoker e, finalmente, eu tinha a chance de concorrer à premiação real. Mas como eu organizaria o investimento nos torneios? Naquela época, pensei em fazer o seguinte:

50 dólares

1 – 5 torneios de US$5,50

2 – 2 torneios de US$11,00

Então eu tinha exatas sete tentativas para ganhar alguma coisa. Eu não tinha, naquela época, quem pudesse investir em mim e acreditar nesse sonho. Era comigo mesmo.

Eu perdi os cinco primeiros torneios e fiquei fora de qualquer premiação. Confesso que, depois das cinco derrotas, fiquei bem abatido... Pensei que não daria certo, que aquilo de repente não era para mim, mas como me restavam duas tentativas... Não podia desistir.

Então joguei um torneio de US$11 que tinha 3 mil jogadores inscritos. Recordo que joguei bem **tight**[2] o torneio todo, com medo de perder,

---

[2] Quando um jogador de poker procura se envolver em mãos em um estilo conservador, evitando se expor aos riscos.

mas o jogo evoluiu bem. Após quatro horas de torneio, entrei na zona de premiação!

Não conseguia acreditar naquilo.

Mas havia muito pela frente, estávamos ainda em trezentos jogadores e, se quisesse ganhar mais, teria de jogar bem até o fim.

Cada hora que se passava, eu ficava cada vez mais entusiasmado... Quando entramos em cem jogadores, após pouco mais de sete horas de jogo, eu pensei na hora:

"Este torneio é meu!!!"

Oito... Nove... Dez horas de jogo, até que finalmente foi formada a mesa final.

O primeiro lugar ganharia algo em torno de US$12 mil. O nono lugar ficaria com US$700. Aqueles US$ 700 já fariam muita diferença para mim, mas eu pensava que, se eu tinha chegado até ali, poderia ir ainda mais longe.

Porém, estava muito nervoso.

A cada jogada, eu tremia na base. Aquilo era realmente muito novo, eu não tinha mindset[3] para lidar com aquela situação. Mas os jogadores foram saindo, e ficamos entre três.

Acabei ficando em terceiro lugar, ganhando US$3.800.

Inacreditável.

Corri para contar aos meus pais e aos meus irmãos o feito. Todos ficaram bem surpresos, porque ninguém imaginava que isso fosse ocorrer. Em um momento inicial, ficaram felizes.

---

[3] Termo utilizado para representar um conjunto de conceitos que, somados, formam um determinado modelo de "mentalidade".

Bom, eu tinha agora US$3.800 e tinha provado a mim mesmo que dava para "viver da internet".

Foi assim que começou a minha trajetória com este sonho de viver da internet, eu tinha uma prova real disso.

Bom, e por que não tenho jogado poker até hoje?

Vamos lá! Esta história traz boas lições.

A primeira delas:

▶ Lição 1

Cuide do seu *bankroll*[4]. Você precisa saber lidar bem com suas finanças para não quebrar. A primeira coisa que fiz, assim que ganhei a minha primeira bolada, foi sacar praticamente todo esse dinheiro, gastar com novas roupas, festas e até viagens. Deixei apenas US$400 para jogar. Com a gestão de banca, você sabe exatamente como superar os momentos mais difíceis no poker, porque você não se permite quebrar, uma hora o lucro vem de novo para você!

▶ Lição 2

Paciência. Eu era uma pessoa extremamente impaciente em relação ao jogo. Queria ver resultados rápidos, queria sempre ficar premiado, queria sempre ser perfeito. Isso é impossível!

O poker é um jogo de análise e técnica, então, aos 17 para 18 anos, o que me faltava era paciência. Eu tinha experimentado o sabor de como ter algum dinheiro, e como assim não teria mais? Eu precisava jogar para ganhar mais.

---

[4] Este é um termo do poker que se refere à "gestão de banca". Sem a devida gestão dos recursos, com austeridade, as chances de "quebra" de um jogador são grandes.

▶ Lição 3

Sem os cuidados com *bankroll* e a impaciência, ambas as coisas me levaram a quebras de *bankroll*. Isso não pode acontecer com quem joga poker profissionalmente. Ser impaciente e não saber controlar suas finanças invariavelmente te levará para essa trajetória de erro.

Nunca vendi coisas ou investi de onde não tinha para colocar no poker, mas sei de gente que já fez isso e se deu mal.

▶ Lição 4

Aprendizado contínuo. Não é porque você ganhou bastante que significa que já está preparado, é importante ter a humildade e a consciência de que precisa ser um eterno aprendiz, somente assim você mantém o jogo em alto nível.

E esses altos e baixos, ganhando e perdendo, duraram por volta de quatro anos.

O APRENDIZADO

Nessa fase eu aprendi estas quatro lições que trago comigo até hoje nos meus negócios:

1. Controlar bem as finanças.

2. Paciência, nem sempre o resultado chega rápido.

3. Só se quebra se não tiver bom planejamento e estratégia.

4. Ser um eterno aprendiz no que você faz.

Acredito que seja importante frisar todos os pontos, especialmente o quarto. Tonny Robbins, considerado o maior coach do mundo, diz que no seu convívio com empresários e investidores bilionários percebeu que eles têm algo em comum: a fome de aprendizado. Todos eles, sem exceção, novos e velhos, estão todos os dias aprendendo algo novo. Eles pensam que sempre há um degrau na escada acima deles.

Se as pessoas que você mais admira e conhece se enxergam como eternos aprendizes, por que você não faria o mesmo? É assim que o jogo funciona: você **PRECISA** aprender coisas novas todos os dias.

Bom, até aqui você já entendeu o porquê eu me apaixonei pela ideia de viver da internet, mas tudo começou a migrar para o marketing digital na metade de 2009.

O MEU INÍCIO COM MARKETING DIGITAL

Entre 2005 e 2009 eu participava de um fórum na internet no qual as pessoas discutiam sobre estilo de vida, trabalho, superação de desafios etc. Era um ambiente muito interessante, e muitas das amizades que eu fiz nesse fórum "transportaram-se" para a vida real. Algumas pessoas moram em Belo Horizonte — cidade em que eu morava — e costumávamos nos encontrar com muita frequência. Nessa época, eu havia começado a namorar a Luciana e estava meio "sem rumo" tendo em vista o fracasso no poker por não saber lidar com o *bankroll* e os problemas que citei há pouco.

Porém, um dia alguém abriu um tópico no fórum dizendo que estava construindo uma renda extra razoável pela internet, e estava falando sobre sua meta de faturamento até o fim do ano. Essa pessoa era o Lourenço, um grande amigo. Importante informar que o Lourenço, nessa época, tinha apenas 18 anos.

Porém, sua meta de faturamento estava na casa dos múltiplos seis dígitos por mês.

Para mim, ler aquilo era algo surreal: como alguém de apenas 18 anos estava ganhando tão bem na internet a ponto de dizer publicamente que queria faturar esse valor gigantesco até o fim daquele ano?

Fiquei "mordido" de curiosidade.

Porém, um outro amigo, Caio Ferreira, também ficou super curioso. E ali, naquele tópico, começou a questionar consistentemente o Lourenço sobre o que ele estava fazendo.

A princípio, o Lourenço não queria dizer e lutou para não revelar. Eu, por outro lado, ainda não me encontrava inspirado a ponto de também fazer os mesmos questionamentos que o Caio.

Três meses depois percebi que o Caio abandonou o estágio que fazia, e seis meses depois o vi fazendo uma Eurotrip, incluindo cidades como Paris e Mônaco. Aquilo foi demais para mim...

O que o Lourenço estava fazendo que impactou o Caio dessa forma?

Eu PRECISAVA saber o que eles estavam fazendo. E, finalmente, comecei a insistir com o Caio.

Então, Caio começou a me explicar que vendia um curso pela internet sobre importação da China, e que estava fazendo uma boa grana com isso.

No momento, não cheguei a perceber que a principal renda do Caio vinha da venda do curso em si, e não da venda de produtos da China. Ele até tinha uma loja virtual que oferecia os produtos — e com certo resultado — mas o resultado principal mesmo vinha da venda dos cursos.

Nessa mesma época houve uma discussão no fórum a respeito do famoso livro *Trabalhe 4 horas por Semana*, do Tim Ferriss (2007).

Esse livro foi o responsável por todos daquele fórum iniciarem suas atividades online.

Logo em seguida, outro participante do fórum, Seiiti Arata, ofereceu na internet um curso sobre educação financeira.

Eu, por minha vez, ainda sem entender realmente o que estavam fazendo, iniciei a minha loja virtual e comecei a vender produtos da China. Por conta do momento, foi razoável ganhar em torno de R$1.500 a R$2.500 por mês vendendo produtos pela internet. Assim, acabei entrando em uma zona de conforto por cerca de dois anos, entre 2009 e 2011. Até que houve uma mudança significativa no negócio que eu fazia...

 O JOGO MUDOU...

Entre 2010 e 2011 o MercadoLivre, principal site do Brasil de vendas de produtos entre pessoas, resolveu ser mais rígido com os usuários que vendiam produtos da China. Paulatinamente, começou a bloquear todos os anúncios que continham esse tipo de venda. Então de uma renda que me mantinha na zona de conforto, passei a ter um fragmento disso.

Eu precisava me adaptar.

Nisto, o Caio, o Lourenço e o Seitti Arata continuavam a vender seus cursos com consistência e eu finalmente entendi qual era o jogo deles: vender cursos todos os dias pela internet. Eu não tinha um curso para vender, nem mesmo sabia por onde começar isso, então minha alternativa foi entrar em contato com o Caio e pedir algumas dicas sobre o que eu poderia fazer. Imediatamente, Caio me disse:

> "Rodrigo, o que acha de criar um blog e ser um revendedor dos nossos produtos?"

Aquilo me pareceu interessante.

Mas eu não sabia como criar um blog, nem como criar um site, nada disso. Então pedi ajuda a um amigo programador para fazer.

Mas qual nome deveria escolher para esse blog?

Como registrar o meu site na internet?

Primeiro, descobri que o canal para registro de "domínios" no Brasil é o site www.registro.br. Hoje, por apenas R$40 por ano você pode registrar o seu site e garantir que ninguém tenha posse dele por pelo menos um ano. E, todos os anos, você pode renovar o cadastro dele para os anos seguintes.

Após isso, meu amigo programador me ensinou que para ter um blog é importante usar um sistema no qual possa publicar seus artigos, e hoje o melhor é o WordPress. O WordPress é o sistema perfeito para que você publique, diariamente, novos artigos. Porém, acho importante esclarecer para você como tudo isso funciona.

Vamos supor que uma loja será construída, a primeira coisa que você precisa construir são os alicerces e as fundações, correto? Poderíamos dizer que essa é a estrutura básica.

Isso é o WordPress.

Por outro lado, depois que você cria as fundações da loja, você deve se preocupar com o acabamento dela: rebaixamento de gesso no teto, tomadas, que tipo de piso, móveis etc.

Isso é o que chamamos de templates do WordPress. Então, sempre que você for criar um blog, é importante ter um template, e na internet há vários, pagos e gratuitos.

Bom, sua loja foi criada. Agora, você precisa de clientes. É importante definir qual será o nicho de "atuação". Você vai vender livros? Roupas? Móveis? É importante focar apenas uma área de atuação. Você tem várias prateleiras e precisa enchê-las com produtos. Escolha os melhores produtos de um nicho e você passará uma percepção de exclusividade.

Assim se comportam os seus "posts". Se todos os dias você publicar novos e excelentes artigos, certamente terá visitantes ainda mais qualificados.

Assim nasceu o meu primeiro blog, o www.empreendedorx.com.br. Ele ainda está no ar, tenho muito orgulho dele. Sempre fui um apaixonado pelos temas do empreendedorismo, e neste blog pude dar vida a essas questões, até mesmo entrevistando grandes personalidades, como Robert Kiyosaki, Alexandre Tadeu da Costa (Cacau Show), entre outros!

Escrevi freneticamente artigos para esse blog e, vez ou outra, divulgava um dos cursos desses meus amigos.

Dois meses após a conclusão do blog, eu fiz minha primeira venda, do curso A Classe Alta, do amigo Seiiti Arata.

Para mim, foi um marco. Eu fiquei realmente impressionado pela velocidade com que a coisa aconteceu. Ao longo de 3 dias, eu fiz 4 vendas, totalizando R$440,00 de comissão.

A partir disso, decidi definitivamente trabalhar com internet.

O INÍCIO DA VENDA DE PRODUTOS DIGITAIS

Eu estava muito empolgado, todos os meses estava fazendo vendas como afiliado que me levavam a ter uma renda em torno de R$800 a R$1.500 por mês. Porém, algo aconteceu em 2011 que mudou a minha vida: participei do primeiro evento de marketing digital voltado para vendas de produtos online do Brasil. Nesse evento, palestraram meus amigos: Caio Ferreira, Lourenço Maciel, Seiiti Arata, Romulo Souza, entre outros. Mas conheci alguém bem especial lá: João Pedro Rezende, fundador da Hotmart. Quando descobri esse evento, me voluntariei para participar dele, pois sabia que para me aprimorar eu precisava estar com os melhores. Eles aceitaram e os ajudei na organização.

Eu ainda não conhecia o JP, mas, no dia do evento, ele me disse algo especial: "Rodrigo, muito obrigado pela ajuda, saiba que algum dia eu irei devolver esse favor para você." Eu estava mesmo feliz por participar e aprender com os melhores, e isso para mim já era o suficiente.

Depois desse evento, que com muito esforço acumulou quarenta participantes (engraçado, o principal evento de marketing digital do Brasil, Fire, da Hotmart, todos os anos tem mais de 2.500 participantes), eu estava 100% decidido a investir ainda mais no meu blog.

Eu já estava cursando psicologia, e conciliava a faculdade com os trabalhos na Hotmart.

 COMO FOI MEU PRIMEIRO FUNIL...

Você pode estar se perguntando neste momento como eu fazia minhas vendas. Eu criei o meu primeiro funil de vendas, mas o que significa isso?

Um funil de vendas basicamente é a trajetória que um possível cliente (ou lead) segue para realizar alguma ação de compra de um ou mais produtos. **ST. Elmo Lewis**, um dos autores mais antigos que escreveu sobre funis de vendas, exemplifica as etapas constituintes dessa estratégia:

Figura 1: Funil de vendas

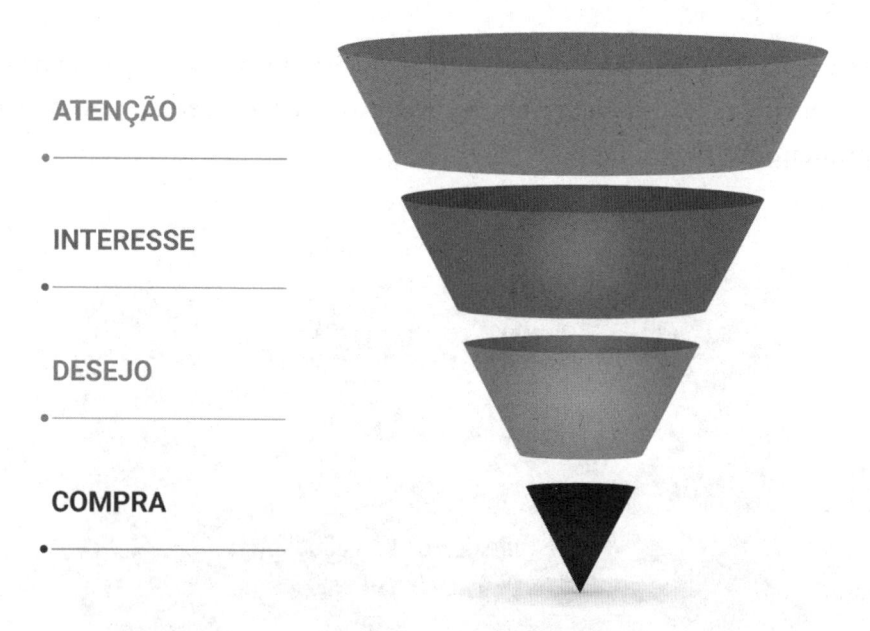

Fonte: Webmentoring (2021).

- **Atenção** — as pessoas sabem da existência do seu produto/serviço.
- **Interesse** — o consumidor expressa ativamente interesse no seu produto/serviço.
- **Desejo** — desperta no consumidor o desejo de comprar o seu produto/serviço.
- **Ação** — ato da ação ou da compra.

O funil basicamente funciona como um processo de qualificação da lead, quando a conduzimos por uma trajetória até que cumpra determinado objetivo. E como qualificar essa lead? Gerando muito valor de forma gratuita.

▶ Meu primeiro funil

Diante desse contexto, eu já sabia que precisava gerar valor para, posteriormente, as leads comprarem os produtos indicados, então criei o meu primeiro funil.

Figura 2: Meu primeiro funil de vendas

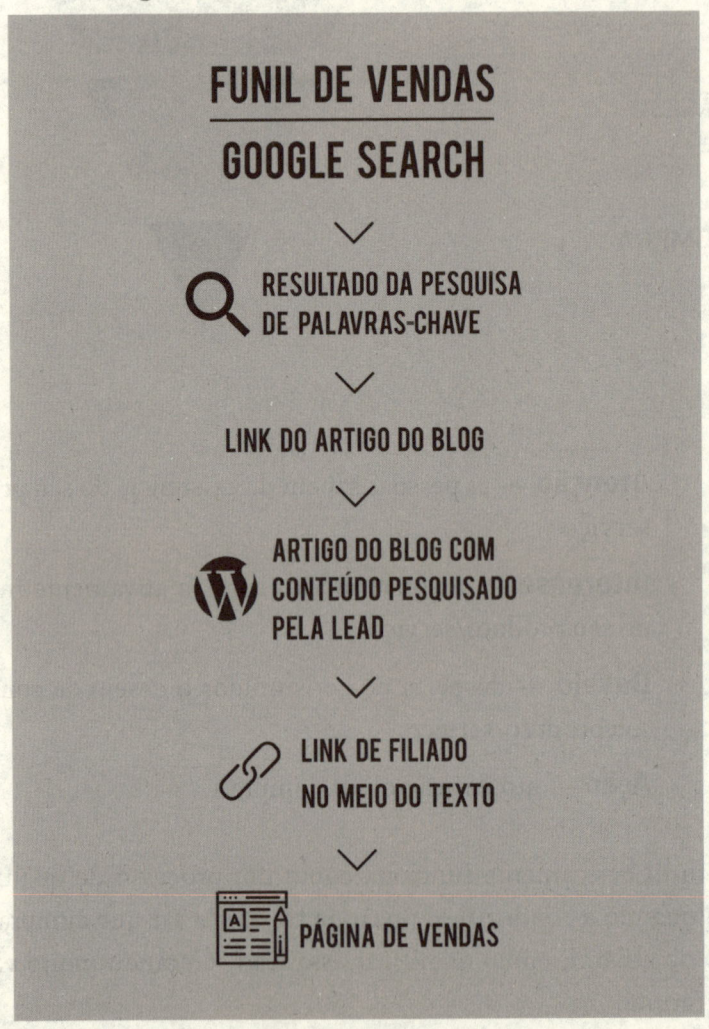

Fonte: Webmentoring (2021).

Sabe quando você faz uma pesquisa no Google e encontra no resultado da pesquisa vários sites? Nesse momento, você tem que fazer uma seleção do conteúdo que está mais conectado com o propósito da sua pesquisa.

Meu primeiro funil tratava-se exatamente disso e, uma vez que eu conseguia que o blog ficasse listado no resultado do Google, recebia um número relevante de visitantes no site.

Esses visitantes se identificavam com o artigo que eu escrevia (normalmente sobre empreendedorismo e educação financeira) e, consequentemente, clicavam nos links espalhados no artigo, que levavam para algum curso digital de um dos meus amigos.

Eu agia como um afiliado, ou seja, **como um revendedor de produtos digitais**. Bastava apenas que essas pessoas clicassem no link indicado no meu blog e, posteriormente, caso a lead realizasse a compra do produto indicado, eu receberia uma comissão.

Entre 2011 e 2013 fiquei divulgando produtos como afiliado e dividindo o meu tempo com a faculdade e o mercado corporativo. Nessa época as indicações de produtos digitais me rendiam pelo menos R$800 por mês, com alguns picos que variavam entre R$800 e R$1.500 reais. E foi assim até que um dia eu alcancei meu esgotamento mental do mercado corporativo...

Era abril de 2013 e eu trabalhava em uma fábrica de automóveis na área de Recursos Humanos. Eu fazia um atendimento totalmente burocrático e isso ia contra os meus princípios, porque a criatividade e a vontade de mudar o mundo faziam parte da minha essência.

Então, para surpresa de toda a família, resolvi pedir demissão.

Foi muito difícil. Ainda mais porque eu dependia daquela renda.

Então, a Luciana Volponi, minha companheira, disse:

"Rodrigo, não se mata por isso. Se a gente tiver que ir tocar violão na praça, a gente vai."

Aquilo me deu força suficiente para tomar a decisão e eu pedi demissão.

Foi libertador.

Mas bobo que não era, enviei um e-mail na mesma semana da demissão para o João Pedro Resende, perguntando se havia alguma coisa na Hotmart para fazer, porque queria me dedicar ao Marketing Digital.

E ele me convidou para um almoço.

Anos depois, o JP revelou que a minha contratação teve relação direta com o meu voluntariado em 2011, no TEM Talks. Mas eu não fazia ideia daquilo.

Em 30 de janeiro de 2013, fui contratado pela Hotmart na função de revisor de produtos digitais. E durante os doze meses seguintes eu me dediquei totalmente àquela função, e nesse período eu aprendi um dos elementos fundamentais para o sucesso em vendas: o *copywriting*.

COPYWRITING:
A VIRADA DO JOGO

Recordo como se fosse ontem, a Hotmart era apenas uma sala em que cabiam seis pessoas. Naquele momento, o mercado ainda estava amadurecendo e a Hotmart estava aos poucos ganhando robustez.

Sempre tento imaginar a situação da empresa no início de 2011, quando o JP e o Mateus se arriscaram saindo de seus empregos e fundando a Hotmart com capital próprio. Que eu saiba — e já ouvi da boca de ambos — a Hotmart quase fechou, se não fosse um aporte que conseguiram do grupo Buscapé, chamado "Sua ideia vale 1 milhão". Participaram de uma competição grande, com centenas de empresas, e saíram vencedores.

Não era uma questão da ideia ser boa ou ruim. Os investidores não podiam avaliar esse critério somente na base do faturamento, que era quase nulo. Mas a maior parte assim o fez, então eles ouviram muitos "não" até chegarem ao investimento do Buscapé. E eles compraram a ideia de que a empresa precisava de tempo para que este mercado amadurecesse — e eles estavam certos.

Em 2013, naquela sala para seis pessoas, onde o banheiro não tinha janela, eu me deparei com um programador (meu grande amigo até hoje), duas funcionárias de "suporte", João Pedro e Mateus.

O engraçado é que minha visão da Hotmart era outra e, por mais que a realidade tenha se mostrado simples demais, meu desejo de fazer parte daquilo era enorme. Na verdade, ver o negócio tão pequeno daquele jeito, me deu motivos para dar o meu melhor naquele momento. Era uma oportunidade que caiu nos meus braços e eu faria de tudo para crescer junto!

Minha primeira função era revisar os produtos digitais na plataforma. Para você ter ideia, quando entrei havia algo em torno de mil produtos para serem avaliados, e o João Pedro era responsável por essa avaliação. Ele me explicou os pontos fundamentais daquela avaliação:

1. A proposta de valor do produto faz sentido?
2. A entrega do produto é feita corretamente?
3. O produto foi configurado na Hotmart?
4. A página de vendas (site no qual o produto é vendido) está clara? Ela é persuasiva?

Foi no elemento 4 que minha história com *copywriting* começou. Fui limpando aquela fila de mil produtos aos poucos, sempre observando esses elementos. Mas sempre com uma curiosidade enorme de saber qual a razão de alguns produtos venderem tão bem na plataforma. Como eu disse, estávamos em 2013, no início da fase de tração do marketing digital como o conhecemos recentemente, então eu diria que um produtor digital que tivesse uma performance superior a 10 mil reais em vendas por mês na plataforma já era um enorme sucesso.

Zerei a fila de avaliação de produtos em uma semana e comecei a estudar todos os produtos que estavam cadastrados na plataforma e que vendiam muito bem. As perguntas abaixo me orientavam no aprendizado:

1. O que ele está fazendo para vender tão bem?
2. Será a página dele?
3. Será sua sequência de e-mails?
4. Serão as suas campanhas patrocinadas?
5. Será o vídeo de vendas?

Todos os produtos que mais vendiam na plataforma tinham um ponto em comum: **vídeos de vendas muito bem elaborados**. E eu passei a observar atentamente cada um dos vídeos de vendas, inclusive transcrevendo alguns deles.

Eu precisava aprender essas técnicas porque queria aplicá-las naquilo que eu já fazia. Sim, eu tocava meu blog e meus serviços em conjunto com esse trabalho.

Depois de dezenas de produtos, comecei a perceber certas similaridades na estrutura dos vídeos de vendas, em que momento acontecia um argumento, como era colocado, porque era usado; e assim fui entendendo que o vídeo de vendas precisava ser persuasivo. Foi aí que me surgiu que essa persuasão, seja em palavras ou em texto, se chamava **copywriting** no universo norte-americano. Ou seja, **a arte de se escrever de forma persuasiva**!

Naquele momento eu estava apenas assimilando todos os argumentos dos produtos mais vendidos, eu não entendia a ciência por trás, mas consegui observar os pontos em comum de cada um deles. E, assim, comecei os meus primeiros modelos de cartas de vendas.

Depois de todo esse tempo, acredito que seja importante que você comece diferente de mim, com o embasamento que eu penso que teria sido melhor ter aprendido naquele momento. Após todos esses anos, eu criei uma estrutura ideal para aprendizado de *copywriting*, que vou apresentar para você agora.

Antes de qualquer coisa, lembre-se daquele funil que eu mostrei páginas atrás. Volte até ele, se possível. Ele literalmente representa todo o mecanismo de venda que utilizamos pela internet ou até mesmo no mundo offline. Todas as estratégias, tudo o que está abaixo dele, são apenas elementos constituintes daquilo que ele representa. Mas vamos lá. Para começarmos a discutir *copywriting*, é importante que você entenda quais são...

OS GRAUS DE CONSCIÊNCIA DO CONSUMIDOR

O criador dessa teoria foi **Eugene Schwartz** (2004), em seu livro *Breakthrough Advertising*. Eugene é considerado um dos maiores marketeiros de todos os tempos e seu livro, uma bíblia do *copywriting*. De acordo com Eugene, o consumidor tem cinco graus de consciência a respeito de um problema e do consumo do seu produto.

Figura 3: Os cinco níveis de consciência do consumidor

5 NÍVEIS DE CONSCIÊNCIA DO CONSUMIDOR

web mentoring

Não sabem que têm um problema que merece ser resolvido

SEM CONSCIÊNCIA

CONSCIÊNCIA DO PROBLEMA

Sentem que têm um problema, mas não sabem que existe uma solução

CONSCIÊNCIA DE SOLUÇÃO

Sabem os resultados que desejam, mas não sabem que o seu produto pode ajudá-los

CONSCIÊNCIA DE PRODUTO

Sabem o que você vende, mas não estão certos se esse produto é para eles

COMPLETAMENTE CONSCIENTE

Compradores leais que consomem seus produtos e os indicam para seus amigos

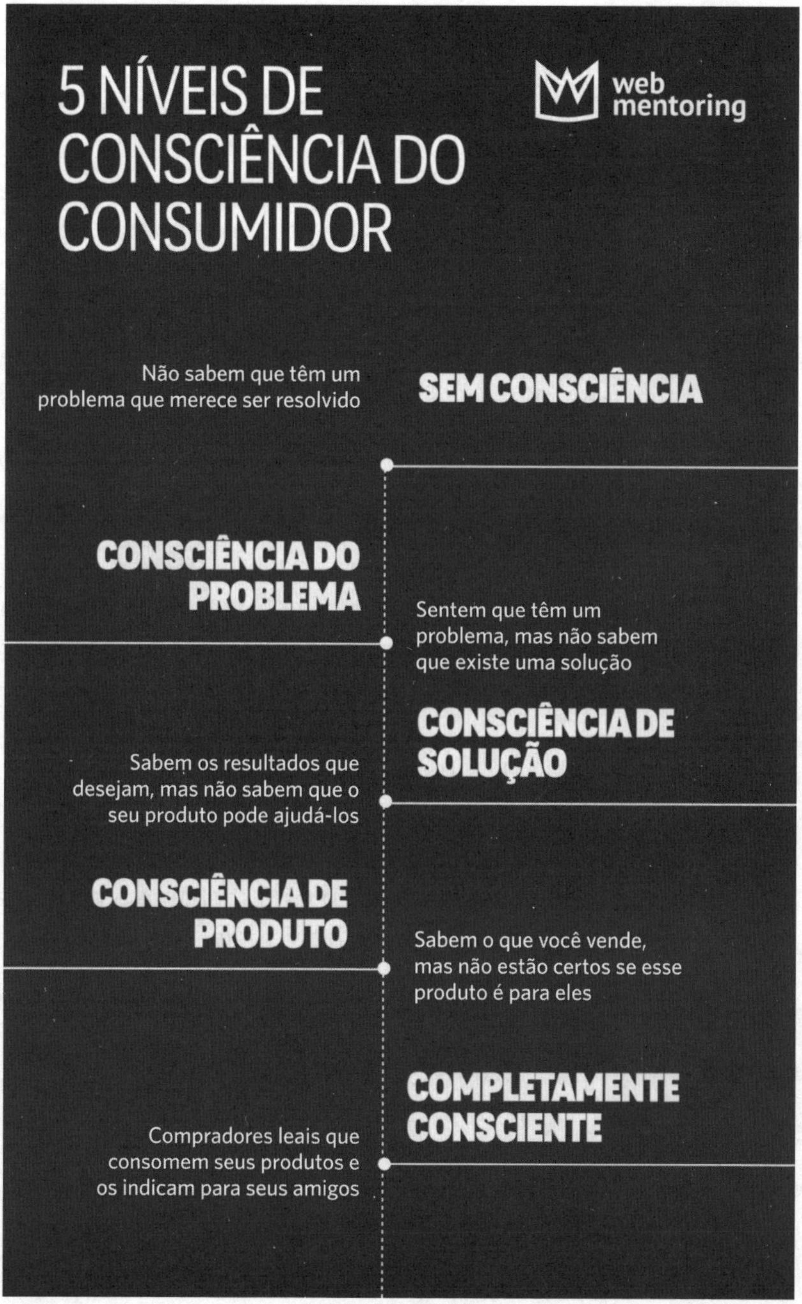

Fonte: Schwartz (2004).

▶ **Grau 1** – Inconsciente

O consumidor não faz a menor ideia de que tem um problema, apesar de ter. Nem mesmo sabe da existência da sua empresa com a solução para o problema.

▶ **Grau 2** – Consciente do problema

Neste momento ele já percebeu que tem um problema e sabe que isso está afetando a vida dele. No entanto, em algum ponto ele ainda não está ciente 100% do problema e também não sabe que existe uma solução para aquilo.

▶ **Grau 3** – Consciente da solução

No grau 3 o consumidor já sabe que existem soluções para o problema dele, mas neste ponto ele ainda não sabe que você é uma alternativa para resolver o problema.

▶ **Grau 4** – Consciente do seu produto

Aqui ele já sabe que você existe e que o seu serviço vai ajudá-lo a resolver o problema. Só não está confiante a ponto de se tornar cliente, porque não tem certeza de que a sua solução é a melhor para ele.

▶ **Grau 5** – Completamente consciente

Aqui está o seu melhor cliente. Ele tem consciência do problema e também tem consciência de que a sua solução é a melhor para ele. Forma um verdadeiro exército e defende você com unhas e garras nas redes sociais, com amigos e família.

Como você deve ter percebido, a nossa função como marketeiros é fazer com que nossas leads se transformem em consumidores totalmente conscientes e que ajam em prol do nosso crescimento.

Porém, uma das coisas que Eugene pontua em sua teoria é que quanto menos a sua lead tiver consciência, maior será o esforço para educá-la e mostrar que existe um problema e, consequentemente, uma solução para ele. Quanto menos consciência, maior será o seu esforço em evitar que você coloque essa lead diretamente em uma oferta, porque ela precisa ser nutrida e educada.

Pequeno exercício:

Se você já tem um curso ou produto digital (não se preocupe com isso caso não tenha, pois neste livro vou ensiná-lo a criar um), responda às questões abaixo:

1. Se seus clientes têm um problema, esse problema é bem conhecido ou está no nível inconsciente?

2. Você é bem conhecido? Quais são seus canais de contato com os clientes?

3. Como é a sua reputação?

4. Sua solução é boa o suficiente para ser a solução do cliente? Se não é, por que não é?

5. Por que sua solução é melhor que a do concorrente?

Com essas perguntas você vai conseguir enxergar melhor em quais níveis de consciência os seus potenciais clientes estão.

Quando for criar um produto, sempre leve essas perguntas em consideração!

AS PRINCIPAIS SENSAÇÕES EM *COPYWRITING*

A partir de agora, você já sabe definir muito bem os estágios de consciência que a sua lead está em relação ao problema que ela tem e a sua solução. Mas, depois disso, é importante que você entenda as abordagens em copywriting para criar um processo de vendas efetivo.

Antes de qualquer coisa, você precisa entender que nós, seres humanos, compramos qualquer coisa baseados em duas sensações distintas:

Dor / Prazer

Tanto a dor quanto o prazer criam mecanismos de racionalidade que se tornam razoáveis para justificar uma compra. Vamos a um pequeno exemplo:

> *"Depois de trinta anos, Marcelo Ferreira, um especialista em investimentos, resolveu abrir o jogo sobre suas técnicas e vai ensinar a você como multiplicar os resultados dos seus investimentos em apenas três semanas, de forma segura e sem riscos."*

Nesse cenário qual sensação ativamos na lead? Com certeza, o prazer. Podemos mesclar aqui também um pouco o gatilho mental da ganância e da curiosidade (sobre gatilhos mentais falaremos mais adiante).

Dessa forma, a nossa lead racionaliza o processo de compra por meio de sensações de prazer advindas de sua própria imaginação. Do ponto de vista técnico, a leitura dessa frase ativa o circuito de recompensa cerebral, o chamado circuito mesocorticolímbico, liberando certas doses de dopamina em nosso cérebro. O resultado disso? O desejo iminente de realizar uma compra. Se você parar para pensar, todos os dias somos bombardeados de informações que ativam essas sensações em nós, o que nos faz comprar ou não é a intensidade disso e a forma como vamos racionalizar o processo de compra.

A via do "prazer" em *copywriting* é extremamente eficiente e poderosa, se utilizada com inteligência quando a narrativa de vendas for construída. Por outro lado, existe uma outra poderosa alternativa que aguça o processo de vendas com bastante intensidade, a via da dor.

Vamos ao exemplo anterior, utilizando-o em outro contexto:

> *"Você sabia que as crises financeiras atuais estão desestabilizando a economia de vários países? Não pense que isso está distante de você: é bem provável que ela afete o patrimônio que levou décadas para construir. Como você se sentiria se isso acontecesse? Depois de trinta anos, Marcelo Ferreira, um especialista em investimentos, resolveu abrir o jogo sobre suas técnicas e mostrar como você pode se proteger das crises e, além disso, como multiplicar seus ganhos!"*

Perceba que dessa vez utilizamos uma copy baseada em medo. O medo de perder, de ter o patrimônio que levou muito tempo para construir ser totalmente destruído. Utilizamos o recurso da imaginação para que a lead pudesse visualizar o cenário e ativar com maior eficiência as áreas cerebrais que, nesse caso, são as amígdalas, onde surgem nossos processos de decisões. A ideia é que a pessoa tenha dentro de si o conceito do "Preciso agir logo para me proteger".

Muitos dos copywriters gostam de focar copys baseadas em dor e medo porque elas são extremamente poderosas. Neste ponto a gente começa a andar em uma linha tênue entre ética e *copywriting*, coisa que sempre devemos tomar cuidado. Abusar da dor por muitas vezes não é uma atitude ética e por isso temos que ter responsabilidade sobre as palavras que usamos.

Copywriting **não é manipulação**, mas sim comunicação eficiente e persuasiva, levando o recado que precisamos dar diretamente ao receptor, sem rodeios.

Para que você comece a se acostumar a escrever de forma consciente, nada melhor do que um exercício, certo? Pegue um lápis ou uma caneta, e escreva logo a seguir:

Exercício:

1. Crie uma copy voltada para o prazer, utilizando recursos imaginativos, gatilhos mentais da ganância e curiosidade.

2. Crie uma copy voltada para a dor, utilizando recursos imaginativos e o medo.

Espero que o seu processo de escrita não tenha sido tão difícil, mas, se foi, fique tranquilo, teremos muito conteúdo pela frente.

Mais uma vez, gostaria de esclarecer: eu não sou formado em marketing. Aprendi tudo isso com o tempo, muita prática e dedicação. É simplesmente uma questão de dedicação. Não acredito muito na questão do talento, é simplesmente treino e prática. Como eu já disse, comecei totalmente do zero, e, como obtive esses conhecimentos em épocas diferentes, resolvi facilitar o caminho para você compilando um cronograma certo do que eu gostaria de ter aprendido, se estivesse iniciando agora.

Você aprendeu duas coisas muito importantes a respeito de *copywriting*: os níveis de consciência do consumidor e os dois principais tipos de copy: Dor & Prazer. Somente com isso, mesmo sem técnica e sem entender os diferentes tipos de abordagens na área de *copywriting*, você já terá uma boa base para iniciar seus anúncios ou vídeos de vendas. Mas, como eu disse, é legal você ter uma ideia de como a área de marketing foi evoluindo a sua capacidade de persuasão ao longo das últimas décadas. Então, vamos lá!

 ## AS PRINCIPAIS ESCOLAS DE *COPYWRITING*

Quando eu simplesmente aprendia copy vendo vídeos de vendas poderosos, dos melhores vendedores de produtos digitais, eu não fazia ideia de que existiam teorias e métodos diferentes. Eu estava restringido na forma como esses vendedores utilizavam as técnicas de *copywriting* e, por mais que aquilo desse resultado, não era o que havia de melhor em *copywriting*. Depois de vários anos fui entendo como as estratégias de persuasão eram utilizadas, principalmente o tempo cronológico de onde elas surgiram.

No início do século XX, tivemos as primeiras estruturas de *copywriting* formatadas em processos usados até hoje em dia. Os pais dessa fase foram Claude C. Hopkins e John Kennedy, considerados alguns dos maiores copywriters de todos os tempos. Naquela época, os anúncios de produtos e serviços eram muito restritos: focavam apenas o que era oferecido.

Eles, em sua época, tiveram a ideia genial de ressaltar os BENEFÍCIOS no uso dos produtos e serviços e isso trouxe uma explosão de vendas. Vamos a um pequeno exemplo:

Em vez de dizer:

> Smart TV 49 polegadas, 4k e funções inteligentes por apenas R$1.999,00

Falar:

> Você já imaginou estar com sua família na sala tendo a melhor experiência televisiva com o que há de mais moderno em televisões no mundo? Está ao seu alcance essa TV Smart 49 polegadas, 4k e com funções inteligentes por apenas R$1.999,00.

É por isso que até hoje vemos esse tipo de *copywriting* rodando: simplesmente funciona. No caso acima, citamos os benefícios de estar com a família, na melhor experiência televisiva e de modernidade.

Durante pouco mais de sessenta anos essa estrutura de copy funcionou muito bem, mas foi duramente copiada e, portanto, deixou de ser tão efetiva como era antes. As mesmas técnicas foram utilizadas em todo o mundo fazendo com que essa estratégia perdesse a eficiência que anteriormente tinha.

A TRANSIÇÃO

Entre as décadas de 1960 e 1980, houve um período de transição nas estratégias de *copywriting*, tendo em vista a necessidade de adaptação ao contexto. Um dos responsáveis por essa mudança, que já citamos, é o **Eugene Schwartz**, o qual mostrou formas sofisticadas de copy, e junto **com Gary Halbert** chegaram ao que chamamos hoje de "Big Idea", ou o que seria uma IDEIA CENTRAL na venda.

Você pode falar a respeito de benefícios, mas é importante oferecer algo a mais, o produto deve ter impresso em si uma necessidade de mercado tão grande que seria impossível ignorar.

É difícil de explicar exatamente o que seria a Big Ideia, mas, se me permite chutar, seria a proposta de valor do seu produto, aliada à necessidade do mercado e uma oferta que não pode ser ignorada. É a oportunidade de transformação da lead, com uma comunicação clara e persuasiva. Ou seja, a Big Idea tem como sua estrutura vários conceitos impressos na copy.

Essa Grande Ideia tem que estar impressa em toda a sua copy. Se ela estiver, você pode falar e estruturar essa copy como achar melhor, porque ela passa o recado que a sua lead realmente precisa ouvir.

A Big Idea tem sido explorada com grande sucesso no mundo, principalmente pelos porta-vozes desse modelo de copy, da Agora investimentos. Mark Ford e Rocky Vega conseguiram replicar esse conceito em vários mercados e hoje a Agora possui um faturamento superior a centenas de milhões de dólares todos os anos.

Esta é de forma resumida da história do *copywriting* moderno, e, mais uma vez, tenho um convite para você:

Exercício:

1. Escreva uma copy baseada nos benefícios do seu produto, deixando a descrição do seu produto (o que é) como um elemento secundário:

2. Agora tente utilizar a mesma copy com o conceito da Grande Ideia impresso no seu anúncio:

O QUE SÃO GATILHOS MENTAIS

Muito se fala a respeito de gatilhos mentais, e, caso você tenha visto essa expressão anteriormente, talvez até tenha os entendido como o elemento principal dentro do *copywriting*, mas, na verdade, não é bem assim. Os gatilhos mentais são um dos elementos da estrutura de *copywriting*, mas não são o principal.

Eles realmente são poderosos e, se encaixados em momentos importantes da sua copy, tendem a potencializar seus resultados.

Mas o que são gatilhos mentais e por que eles funcionam?

A primeira vez que eu ouvi esse termo foi com Robert Cialdini (2012), no livro *Armas da Persuasão*, que inclusive é bastante referenciado pelos copywriters do mundo. Em todo caso, o gatilho mental seria basicamente uma técnica de persuasão que simplifica o processo de interpretação, levando a pessoa a ter determinadas sensações, colaborando para o processo de decisão de compra de um produto. Tudo isso é conduzido pela instância do inconsciente, facilitando a criação de confiança na lead para com o expert. No livro, Cialdini explora alguns dos gatilhos mentais, que são:

▶ Reciprocidade

Quando uma pessoa age com generosidade recorrente conosco, o que costumamos fazer? Agir exatamente da mesma forma. É assim que funciona a lei da reciprocidade: uma vez que o expert gera enorme valor para uma pessoa, é natural que esta tente retribuir de alguma forma, seja com um comentário positivo, com uma recomendação ou até mesmo uma compra.

▶ Autoridade

Qual a sua percepção sobre o ator Will Smith? Você acha que ele é um bom ator? O que pensa dele? É inegável que o trabalho do Will o trouxe para esse status de uma mega-autoridade no mundo, quando o assunto é atuação. Para construir essa autoridade, você precisa dominar o assunto em questão e sempre estar se superando a cada dia. A autoridade tem um fator importantíssimo para o processo de decisão de compra e por isso deve ser trabalhada consistentemente.

▶ Prova social

Quantas pessoas gostam de Will Smith? Você acha que poucas? É fácil encontrar comunidades e grupos pela internet falando a respeito dos vídeos motivacionais e filmes que ele faz? Isto é a prova social: o número de pessoas que seguem, elogiam e são aficionadas pelo trabalho do ator. Esse volume poderoso de pessoas afeta consequentemente novatos que ainda não são admiradores, mas que estão a um ponto de se tornarem. A construção da prova social deve ser requisito para se transformar em uma autoridade.

▶ Comprometimento e consistência

Quando você quis realizar um sonho ou um desejo, alguém foi capaz de interromper o seu processo? É provável que não. Para ter comprometimento e ser consistente é importante acreditar que algo é possível, e isso só pode ser feito mediante a introjeção de pequenos estímulos, mesmo que despretensiosos, para que esse desejo ou atitude aconteçam. Se você conseguir estimular esse gatilho na sua audiência, certamente ele influenciará na decisão de compra. Como estimular isso? Comece com: "[...] Mas, para ter esses resultados que meus alunos tiveram, é muito importante o comprometimento... A prática leva à perfeição e, para alcançá-la, você precisa dar os primeiros passos. Eles são importantes, todo dia, um por vez... E assim, aos poucos, você vai atingir os resultados que deseja!"

▶ Apreciação

Eu acho esse gatilho mental muito interessante, porque ele é ativado por meio da jornada do herói (que vamos falar adiante). Quando você mostra para a sua lead que é uma pessoa comum, com desafios semelhantes aos dela, mas que você superou e desfruta da vida que sempre sonhou, a lead cria uma tendência a apreciá-lo, a desejar alcançar resultados parecidos. Seu estilo de vida, e a forma como você se comporta ou fala, passam a ser características avaliadas e admiradas por outros. É por isso que amamos músicas e arte, porque apreciamos a obra e a pessoa que a criou. Comunique-se de forma que as pessoas conheçam você de verdade, mas na sua verdade. Passe a segurança e o sucesso que eles devem enxergar.

▶ Escassez

Quando uma greve de caminhões acontece em um país, o que fazemos? Corremos para os supermercados, para comprar o maior número de mantimentos possível, e vamos aos postos de gasolina para encher o tanque dos nossos carros. Esse gatilho, associado ao medo da perda, é uma poderosa ferramenta para ativação de uma compra. Quando dizemos "restam apenas 30 vagas" para uma lista de 10 mil pessoas, elas se movem para realizar a compra, pois sabem que, a partir do momento que as vagas se esgotarem, elas perderam a chance. Sem contar que a exclusividade de ter uma dessas vagas também é muito importante. É por isso que sempre vamos ver anúncios dizendo que os produtos estão acabando, ou que faltam poucas horas para o período de matrículas encerrar.

Quando nos aprofundamos ainda mais no estudo dos gatilhos mentais, descobrimos que há vários outros. Entenda que existem dezenas deles, e todos os dias mais surgem. Vamos passar por aqui alguns modelos para que você possa pensar quando for construir seus anúncios, páginas de vendas ou utilizar em qualquer etapa da venda online.

▶ Senso de comunidade

Nós, seres humanos, tendemos a nos agrupar desde a Antiguidade. Isso faz parte da nossa natureza e também é o motivo pelo qual foi possível evoluirmos até o ponto em que estamos. Precisamos pertencer para que possamos garantir nossa sobrevivência, assim sabemos que há mais chances de termos comida e segurança garantidas.

Analisando essa característica aplicada ao contexto do marketing digital, quando apresentamos uma oferta na qual o expert mostra que existe um grupo relevante de pessoas com interesses em comum, a lead sente-se mais persuadida a entender que não está sozinha. E isso facilita o processo de compra.

Quando você disser "Fique tranquilo, existem centenas de pessoas iguais a você, como o João, o Marcos e a Cintia, que são minhas alunas" e mostrar as imagens dessas pessoas, isso será extremamente poderoso e persuasivo. Lembre-se sempre que você não está simplesmente vendendo produtos, você está reunindo pessoas com interesses em comum e as ajudando a conseguir conquistar seus objetivos. Esse é um trabalho realmente social, e, caso o empreendedor não consiga encará-lo assim, certamente estará envolvido em projetos de curto prazo.

▶ Prova

"Matou a cobra, mostra o pau!" Quantas vezes não ouvimos essa expressão? Ela exprime exatamente o conceito do gatilho mental de prova. Precisamos provar que o método funciona. São as provas incontestáveis de que uma metodologia funciona, com resultados palpáveis e verificáveis! É aqui que separamos o joio do trigo. Para criar autenticidade de suas provas, é importante que esteja aberto a revelar seus resultados. Por exemplo, aqui na Web Mentoring — minha empresa de marketing digital — temos várias certificações de parceiros que atestam que já vendemos alguns milhões de reais. Essa é uma forma poderosa de apresentar provas: pessoas falando por você, e gente com credibilidade!

▶ Garantia

Quando compramos um veículo, esperamos que tudo esteja certo, correto? E, para isso, exigimos que a concessionária nos ofereça um período de garantia total de peças. Por quê? Dessa forma nos sentiremos seguros de que, caso aconteça algum problema grave, você estará coberto!

Assim funciona no marketing digital.

Uma vez que a gente ofereça um curso online, também oferecemos uma garantia incondicional de X dias (pode ser 7, 15 ou 30, ou quanto mais achar melhor). Com isso deixamos claro para o comprador que, caso ele se sinta com medo ou arrependido da compra, vamos devolver o dinheiro.

Importante reafirmar que a integridade é parte fundamental do processo. Vamos ter compradores honestos e também os espertões. Isso faz parte do jogo. E, caso um espertão solicite o seu dinheiro de volta, devolva. Esses são os clientes que causam os maiores problemas!

O importante é que tenhamos congruência para com as coisas que prometemos. As pessoas precisam saber que você cumpre a sua palavra, caso contrário será visto como uma pessoa falsa. Isso não é o que queremos, e sim resultados reais, certo? Para alcançá-los, é importante manter a integridade.

▶ Ganância & Ambição

Ganância e ambição são dois elementos poderosos para a persuasão. Ninguém quer se manter tendo os mesmos resultados de sempre, correto? Se nos comunicarmos com o comprador e elicitar sentimentos que o façam mover, a ponto de ter resultados em sua vida, estaremos trabalhando bem a sua vontade de crescer e romper barreiras. Alguns exemplos:

> Os sonhos que você quer construir são quanto maiores? Aonde quer chegar? Quer ganhar o dobro do que ganha hoje? Vai ficar parado enquanto passam-se os dias, meses e anos, e o resultado está logo ali apenas esperando por você?

Esses são argumentos poderosos para que possamos persuadir o nosso comprador. Mais uma vez, devem ser utilizados com responsabilidade, coerência e, principalmente, com provas de que o que está falando funciona. Não adianta nada argumentar sem poder provar, caso contrário, sua taxa de reembolso explodirá.

▶ Imaginação

A imaginação é a responsável por todos estarmos aqui hoje, utilizando computadores, andando de carro, com acesso e estudando pela internet etc. Essa é uma ferramenta tão poderosa do cérebro humano que é capaz de criar a nossa realidade de forma individualizada e alterar todas as nossas memórias.

Vigotsky, um dos autores mais importantes da psicologia do século XX, dizia que: "Toda obra da imaginação constrói-se sempre de elementos tomados da realidade e presentes na experiência anterior da pessoa" (VIGOTSKY, 1996, p. 20). Significa basicamente que precisamos nos utilizar de contextos previamente vivenciados por nosso potencial comprador para criarmos um cenário imaginativo no qual ele conquista seu objetivo.

Vamos a um exemplo:

> Eu imagino que você teve os mesmos problemas que eu tive. Uma saúde abandonada, sobrepeso, cansaço e mal-estar. Eu entendo bem o que é isso. Mas sabe a sensação que a gente tem por conquistar um aumento, uma promoção ou ser correspondido no amor de uma pessoa? Eu sempre tive dentro de mim que poderia sentir isso em relação à minha saúde. Esta é a proposta que eu lhe faço: imagine-se pensando em como seria se a sua saúde estivesse em dia, se todos os seus exames estivessem perfeitos, se aguentasse correr uma maratona? Poderia descrever o orgulho que sentiria caso olhasse no espelho e percebesse os resultados que você conquistou?

Perceba como a imaginação é poderosa e deve ser utilizada em sua copy.

▶ Medo

Antes de discutirmos sobre técnicas de *copywriting* associadas ao medo, é importante que entendamos o processo mental pelo qual são configurados medos e incertezas absolutas dentro de um adulto. Para isso, é importante convocar a visão de Winnicott, outro autor da psicologia com grande fama no século XX. O trabalho de Winnicott é amplo no que se refere à criação de medos, fobias e ansiedade a partir do desenvolvimento infantil, e destaco ao lado um trecho importante de sua obra para compreendermos como o medo é construído.

Por isso, conhecemos tantas pessoas com traumas e medos dos mais disruptivos possível. Medo de insetos, medo de cachorros ou de gatos, medo de viajar de avião ou de ônibus. As possibilidades são infinitas. O que acontece é que basicamente vamos nos tornando adultos com traumas não processados adequadamente durante a infância, criando mecanismos de defesa naturais para lidar com a realidade e, posteriormente, vamos levando esses traumas em comportamentos que, por vezes, podem ser totalmente diferentes de sua origem.

> "...Em consequência, os inumeráveis danos e momentos de agonia na vida da criança não estão sendo reparados todo o tempo — em vez disso, eles estão formando uma acumulação de injúrias, contra as quais a criança precisa construir defesas. Aqui está a doença no sentido psiquiátrico, um desastre em preparação, mesmo quando o corpo é sadio e está funcionando bem" (WINNICOTT, 1966f [1970] / 2005c, p. 237).

O medo também faz parte de uma das reações mais primitivas do ser humano, que tem a ver com a sobrevivência da nossa espécie. Ele ativa o que chamamos de "instinto de luta ou fuga". E, a partir disso, tomamos alguma decisão, seja para nos mantermos inertes ou agir.

Levando todos esses aspectos em consideração, criar cenários mentais de medo exige muita responsabilidade para com a sua audiência. Novamente, estamos falando de pessoas e não de números dentro de uma simples estatística. Essa é uma ferramenta poderosíssima, que deve ser usada após muita reflexão e responsabilidade.

Vamos ao exemplo:

> Seu futuro financeiro está por um fio. Todo o seu patrimônio que levou anos para construir, à beira do precipício. O que você irá fazer? De repente você tem filhos pequenos, você deve mantê-los em bons colégios e já está pensando no futuro deles depositando uma pequena quantia em uma poupança de uma futura faculdade. E se isso tudo ruísse? Como você se sentiria se perdesse toda a estrutura e o conforto que possui hoje? É isso que pode acontecer se você não se precaver, e hoje eu vou lhe mostrar como fazer isso e se livrar do destino que milhares de brasileiros, infelizmente, irão passar.

E o que eu falo a respeito de ter responsabilidade sobre isso vocês vão saber agora. Estive em uma palestra de marketing digital algum tempo atrás, em que um palestrante disse em alto e bom som: "Saiu uma notícia que uma menina havia morrido por ataque cardíaco condicionado por uma obesidade mórbida. A família estava arrasada. Então, eu decidi enviar um e-mail para a minha base, perguntando se aquelas mulheres queriam ter o mesmo destino da pessoa que morreu. O resultado foi que eu vendi muito." Perceba a falta de ética? Infelizmente, muita gente achou legal e bateu palmas por conta da ideia que ele teve, enquanto eu achei um absurdo.

Temos que evitar esse tipo de coisa. Temos que agir com responsabilidade!

▶ Culpa

A culpa é um dos sentimentos mais humanos que temos. Ela é fruto de uma reflexão baseada em um determinado comportamento que julgamos ter sido equivocado, mesmo que dentro de um contexto fizesse sentido. Esse sentimento vai nos torturando a ponto de, em algum momento, explodir. E aí surgem novos comportamentos, como um pedido de desculpas direto ou indireto (por exemplo, não agir errado com novas pessoas ou com a pessoa em que agiu).

De qualquer forma, esse sentimento provoca em nós a necessidade da AÇÃO, e, se utilizado da forma correta em copy, pode conectar bastante. Vamos ao exemplo:

Um dia enganei meu filho dizendo que eu daria um brinquedo a ele, apenas para que ele parasse de falar sobre isso comigo. Naquele momento eu não liguei, mas hoje eu descobri que a criatividade da criança é fundamental para a prosperidade na vida adulta. Cada vez que eu negar a ele a possibilidade de exercer sua criatividade, isso pode ter uma relação direta com alguma incapacidade ou problema no futuro. Isso realmente estava me matando. Porém, eu decidi que daqui para a frente irei ajudá-lo a desenvolver sua criatividade, sem culpa, e com toda a liberdade que uma criança merece.

▶ Confiança e liderança

O que leva um ser humano a seguir outro? Por que alguns líderes mundiais são ovacionados e tão queridos pelo público? Você deve ter certeza de que alguns deles, caso solicitem, terão um exército de pessoas disponíveis para executar seus atos. E isso é mais comum do que se imagina.

No dia a dia estamos cercados de situações em que encontramos líderes e pessoas que exercem credibilidade e confiança para as outras. Essas pessoas tendem a conseguir mais benefícios e fazem o time fluir. Quem não consegue inspirar confiança dificilmente tem chances de ser um líder ou alguém que consegue conquistar grandes objetivos. Mas como a gente pode inspirar confiança? O primeiro ponto é que você seja uma referência naquilo que se propõe a fazer. As pessoas precisam ter certeza de que você sabe o que está fazendo. O segundo ponto é que você tenha resultados para comprovar esse nível de conhecimento técnico.

A liderança já é um atributo um pouco mais sutil porque necessita de manejo e de bom relacionamento. A habilidade de se tornar uma pessoa influente exige que se relacione muito. Que tenha notável dedicação à arte das relações.

No caso de suas copys, tente demonstrar que você domina o assunto e que tem uma legião de pessoas que o seguem e admiram seu trabalho.

▶ Valores

Desta vez não estou falando do preço do seu curso. E sim de seus valores pessoais, no que você acredita, nos seus princípios. Sua audiência sempre tentará se espelhar em você, e é por isso que você deve deixar claro quais são os seus princípios. A honestidade, a integridade e o comprometimento com a sua causa de vida, o seu legado, devem ser tão fortes em sua mensagem que naturalmente deve ser compreendida pelos seus consumidores. É importante sempre deixar implícito que você não tem intenção de simplesmente vender, mas que está em busca de construir algo maior para a sociedade. Inclusive, esse é um dos motivos pelos quais estou escrevendo este livro: eu realmente desejo uma sociedade melhor, onde mais pessoas tenham a possibilidade de viver por meio da internet, assim como eu realizei o meu sonho.

Sei que você já percebe a minha integridade e o meu comprometimento em fazer com que você prospere. É por isso que você deve fazer o mesmo para com a sua audiência.

▶ Inimigo comum

Durante a Segunda Guerra Mundial ocorreu um fato histórico dentre todos os outros igualmente importantes: duas nações completamente opostas se uniram por um objetivo em comum — acabar com o fascismo da Alemanha nazista. De quem estamos falando? Estados Unidos e Rússia. Ambas as nações possuíam estilos culturais, sociais e políticos completamente diferentes, mas nesse caso enxergaram a real necessidade de se combater a Alemanha nazista, porque este era um problema global. Ou seja, unidas por conta de um inimigo comum, as nações mais poderosas do mundo conseguiram naquele momento evitar a dominação europeia da Alemanha.

Quando utilizamos esse recurso em nossa copy, motivamos as pessoas a desafiar esse inimigo em comum para conquistar seus resultados. Claro que esse inimigo em comum não precisa ser um país, mas pode ser um hábito, uma pessoa, um grupo ou uma comunidade, ou uma linha de raciocínio. O importante é que deixemos claro que existe um inimigo que precisa ser combatido. Vamos ao nosso exemplo:

> "Eu precisava emagrecer, mas o que me impedia realmente era a procrastinação. Quantas vezes todos os dias eu pensava que deveria ir até a academia, mas eu me desanimava, deixava para lá, mais uma vez. Eu procrastinava. Deixava minha saúde para depois e focava coisas erradas. Mas eu resolvi dar um basta na procrastinação. Eu resolvi escolher a mim, eu a desafiei e posso dizer com muita convicção: eu a derrotei! E, neste vídeo, eu vou ensinar você a também derrotá-la, assim como eu fiz."

Nosso inimigo comum é a procrastinação, a transformamos em uma entidade e mostramos ao nosso consumidor como destruí-la.

▶ Gratificação (bônus)

Os bônus são elementos indispensáveis para o processo de vendas. Por meio deles conseguimos desencadear uma série de presentes associados ao valor de compra nominal do produto principal e, assim, aumentamos a percepção de valor dos compradores.

Quando oferecemos um curso por R$597, por exemplo, e oferecemos um bônus adicional de coaching por 1 hora no Skype, de R$300, aumentamos a percepção de valor da compra por R$597.

A ideia é que possamos oferecer vários bônus até o ponto em que a pessoa entenda que investir os mesmos R$597 e receber aquela quantidade de valor é muito menos do que realmente vale. Portanto, quando pensar nos bônus, tente associar algo de valor, assim as pessoas entenderão melhor a mensagem.

POR QUE ESCREVER E GRAVAR UM VÍDEO DE VENDAS

Ufa! Até agora tivemos muito conteúdo, certo? Um dos meus objetivos com este livro é que ele possa ser revisitado algumas vezes. Portanto, sempre que se sentir à vontade, volte à leitura e reveja alguns conceitos. De forma enxuta, você acabou de ler o que é fundamental a respeito de *copywriting*. Com as informações aqui dispostas, sei que você estará mais preparado para passar sua mensagem a seus potenciais compradores.

Como eu disse, quase toda a minha experiência no início foi por meio da observação prática dos que já atuavam em nosso mercado. E, a partir disso, fui aprendendo muito a respeito de copy.

Uma coisa sempre era bastante notável em cada um desses cursos online: praticamente todos eles eram vendidos por meio de um "Vídeo de Vendas". Mas por que isso? Bom, como você já deve imaginar, muito do que fazemos aqui no Brasil nasceu com a experiência dos norte-americanos, e muitos deles já utilizavam essa estrutura de venda baseada em vídeo. Na verdade, isso é uma técnica muito antiga, utilizada inclusive em canais de venda.

Vídeo tem uma capacidade de convencimento enorme, se feito da forma correta. As pessoas gostam de ver vendedores agirem com confiança, com paixão, e a única forma de ter essa sensação próxima da realidade é assistindo a um vídeo. Também sei de testes feitos por produtores digitais que transcreveram uma carta de vendas em texto para vídeo e dobraram suas vendas. Por isso, é tão necessário que você saiba que, para alcançar as vendas que realmente deseja, será uma demanda natural que você passe a gravar muitos conteúdos, especialmente os vídeos de vendas.

Uma demanda natural surgiu: escrever o meu primeiro vídeo de vendas do jeito certo. Vi tantos daqueles vídeos, por que eu não deveria fazer um? Depois de todos aqueles estudos, entendi que havia uma estrutura básica, como você pode ver a seguir.

Figura 4: Meu primeiro vídeo de vendas

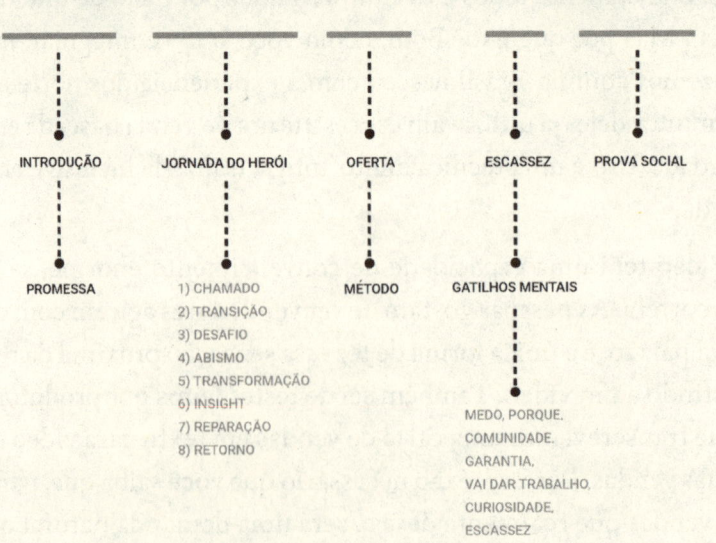

Fonte: Webmentoring (2022).

▶ Introdução

O livro *Great Leads*, já mencionado aqui, diz que é neste momento que você deve fisgar a sua lead. Você tem poucos segundos para chamar a atenção do seu cliente. Imagine toda a competição que você tem que lidar diante de todas as abas do navegador abertas, do celular ativo? É muito difícil. E neste ponto você deve calcular bem as palavras para que fisgue a atenção dele.

Mas como chamar a atenção?

Não é tão difícil como você imagina. Mas também não é tão simples. É necessário saber que você precisa de um argumento convincente logo no início do seu vídeo para que possa fisgar a atenção. Em um dos produtos digitais que lançamos do autor Alberto Dell'isola (campeão latino-americano de memória e professor internacional de hipnose), logo no início do vídeo diz:

> *"Olá, eu sou o Alberto Dell'isola, professor de psicologia e professor de hipnose, e nos próximos minutos eu vou mostrar o caminho para você se tornar um grande hipnotista. Se você é uma daquelas pessoas que não acredita em hipnose, que acha que as imagens que você já viu pela internet são armadas, este vídeo também é para você. Eu vou mostrar como várias propriedades da hipnose já foram provadas cientificamente há muito tempo, e vou além: eu vou mostrar que você também pode se transformar em um hipnotista profissional, pois a hipnose vai muito além do que você já viu pela internet. Ela é comprovadamente uma ferramenta que pode ser utilizada em terapia, seja para controlar ansiedade, humor ou até mesmo para controlar a dor..."*

No início do vídeo, já damos uma prova de autoridade para a audiência. Perceba como introduzimos o Alberto como professor de psicologia e professor de hipnose, assim o nosso consumidor já sabe que o professor é estudioso e não é "qualquer um" que tem simplesmente a coragem de gravar um vídeo.

Mostramos como a hipnose é algo alcançável, quando dizemos que ele (o interessado no curso) pode se tornar um grande hipnotista.

O importante no momento seguinte é dizer para o incrédulo que existem provas científicas da hipnose e que tudo o que ele já viu a respeito do assunto não é falso.

Mostramos que a hipnose vai muito além do palco, da apresentação divertida do final de semana. É uma profissão que pode ser utilizada no contexto de terapia.

Em poucos segundos, quebramos mitos e conceitos frágeis a respeito da hipnose e introduzimos um assunto que com certeza chamará a atenção do nosso consumidor.

Da mesma forma você deve fazer no início do seu vídeo de vendas. Pense em um parágrafo poderoso e fale cada uma das palavras com enorme confiança. Repita o processo quantas vezes por possível, até que se sinta seguro.

▶ Jornada do Herói

Pense neste momento em seu artista favorito. Ele é um músico, um ator? Imagine que você está vendo ou assistindo ao trabalho dele ou dela. Mais uma vez você admira aquela pessoa, se impressiona e, um dia qualquer, você acaba esbarrando em uma entrevista com aquela celebridade.

Neste momento você vê que ele tem desejos e vive situações corriqueiras iguais a você. É alguém divertido, alegre e que já passou por problemas sérios na vida. Talvez uma depressão? A perda de alguém próximo que o deixou no fundo do poço? Todas essas adversidades o trouxeram para o momento que vive agora. Isso o torna, além de um excelente artista, um ser humano incrível!

Agora, sua admiração por ele é ainda maior! Ele é "gente como a gente", por assim dizer.

Esse é o preceito básico da Jornada do Herói. Esse termo foi criado por Joseph Campbell (2007, p. 21), mitologista e escritor norte-americano, que criou a alcunha em seu livro *O Herói de Mil Faces*. A trajetória de vida de Joseph foi encontrar e mapear os arquétipos criados por nós, seres humanos, na narrativa das centenas (ou milhares) de mitologias já contadas.

Se você quiser se divertir ao encontrar as inúmeras coincidências das histórias mitológicas que conhece, mesmo que não exista nenhuma evidência — ainda — de que há algum tipo de conexão histórica entre elas, vale a pena a leitura. Para além disso, você aprende bastante sobre como utilizar tais conceitos na sua estratégia de vendas. A Jornada do Herói passa por elementos psicológicos importantes, como destacado por Joseph no livro:

> *A função primária da mitologia e dos ritos sempre foi a de fornecer os símbolos que levam o espírito humano a avançar, opondo-se àquelas outras fantasias humanas constantes que tendem a levá-lo para trás. Com efeito, pode ser que a incidência tão grande de neuroses em nosso meio decorra do declínio, entre nós, desse auxílio espiritual efetivo. Mantemo-nos ligados às imagens não exorcizadas da nossa infância, razão pela qual não nos inclinamos a fazer as passagens necessárias da nossa vida adulta. Nos Estados Unidos, há até um pathos de ênfase invertida: o alvo não é envelhecer, mas permanecer jovem; não é amadurecer e afastar-se da Mamãe, mas apegar-se a ela. Assim sendo, enquanto os maridos se mantêm numa atitude de adoração diante dos seus templos da infância conformando-se em ser os advogados, comerciantes ou gênios que seu pais queriam*

que fossem, suas esposas, mesmo após catorze anos de casa-
mento e dois belos filhos crescidos, ainda estão em busca do
amor que só pode chegar até elas a partir dos centauros, silenos,
sátiros e outros íncubos concupiscentes da horda de Pã, seja da
forma revelada no segundo dos sonhos citados ou por meio dos
templos populares da deusa venérea cobertos de baunilha sob a
maquiagem, dos últimos heróis da tela.

Joseph abre um importante debate a respeito da psicanálise de Freud e Jung e do quanto estamos ligados a traumas da infância, levando-nos a ter comportamentos negativos para a nossa saúde mental. Entender isso fará com que você escolha sabiamente as palavras utilizadas em sua carta de vendas e, claro, na sua Jornada do Herói.

O interesse aqui é fazer com que você possa escrever uma Jornada do Herói que conecte as pessoas. Que as façam acreditar na realização de um sonho, por terem encontrado em você uma pessoa comum que conseguiu conquistar seus objetivos. Em meio a tantos monstros e fantasias, uma chama de esperança para aquele que deseja mudar sua vida.

Pode parecer piegas, mas eu acredito cegamente nisso.

A Jornada do Herói é constituída por algumas etapas, vou descrevê--las a seguir:

Mundo comum – O mundo normal do herói antes da história começar.

Quero começar este exemplo com a história do Rafael, o "personal dos gordinhos", um coach de emagrecimento que estamos com um projeto.

O Rafael sempre foi uma pessoa saudável, mas, depois do término de um relacionamento, ele engordou 40kg. Quantas pessoas não engordam ou emagrecem por problemas pessoais? O mundo está lotado de exemplos assim. O corpo se desequilibra com o desgaste emocional e se utiliza de outros elementos de prazer para recompor a dor. No caso aqui, é a comida. E assim como muitos de nós, tem esse grave problema para resolver.

O chamado da aventura – Um problema se apresenta ao herói: um desafio ou uma aventura.

Neste momento, Rafael decide mudar de vida e começa a cuidar da sua saúde, após um exame clínico apresentar alterações metabólicas no seu corpo. Não dá mais para ficar só comendo, agora ele tem que se esforçar para recompor a sua saúde. E, assim, ele começa a jornada do emagrecimento.

Reticência do herói ou recusa do chamado – O herói recusa ou demora a aceitar o desafio ou a aventura, geralmente porque tem medo.

Neste ponto, Rafael já perdeu 30kg, mas acontece sempre de se seduzir pela comida, pela satisfação momentânea e os quilos acabam indo e vindo. O velho efeito sanfona.

Encontro com o mentor ou ajuda sobrenatural – O herói encontra um mentor que o faz aceitar o chamado e o informa e treina para sua aventura.

Aqui Rafael passa a contar com o apoio direto de amigos e de mentores da vida *fitness*. Eles o aconselham e mostram qual caminho seguir para perder o peso definitivamente e ter saúde. Com o apoio deles, Rafael se estimula a seguir seu caminho.

Cruzamento do primeiro portal – O herói abandona o mundo comum para entrar no mundo especial ou mágico.

Aqui acontece a primeira transformação. Rafael perde os 40kg que tinha ganhado e fica em plenitude!

Provações, aliados e inimigos – O herói enfrenta testes, encontra aliados e enfrenta inimigos, de forma que aprende as regras do mundo especial.

Mas perder não significa manter. Aqui Rafael está sofrendo, porque volta e meia engorda 10kg, emagrece... Mas continua no ritmo.

Aproximação – O herói tem êxitos durante as provações.

Além de ter perdido peso, Rafael já pensa em hipertrofiar seu corpo, porque sabe que é capaz disso. E, tendo perdido todo esse peso, o que poderia evitar o seu sucesso?

Provação difícil ou traumática – A maior crise da aventura, de vida ou morte.

O momento mais difícil. Outro baque pessoal, o faz perder o rumo. Ele acaba engordando 50kg. Porém, passados alguns meses, ele emagrece os 50kg. Ele não desistiu do seu foco.

Recompensa – O herói enfrentou a morte, se sobrepôs ao seu medo e agora ganha uma recompensa (o elixir).

Finalmente Rafael pode desfrutar de boa saúde, fazendo os esportes que sempre gostou e aconselhando os primeiros amigos que gostariam de entrar no ritmo.

O caminho de volta – O herói deve voltar para o mundo comum.

Muita gente começa a procurar o Rafael para treinamento, visto que ele se formou em educação física e se tornou personal.

Ressurreição do herói – Outro teste no qual o herói enfrenta a morte, e deve usar tudo que foi aprendido.

Outro problema pessoal grave acontece que abala emocionalmente Rafael. Aqui ele teve que se reorganizar totalmente, caso contrário iria engordar mais uma vez. Conseguiu conter o problema!

Regresso com o elixir – O herói volta para casa com o "elixir", e o usa para ajudar todos no mundo comum.

Por conta do sucesso com o seu próprio corpo, e os novos alunos pedindo apoio a ele como personal, Rafael decide abrir sua própria academia, chamá-la de "Crossfat" e ensinar outros gordinhos o caminho das pedras que ele passou.

Agora você deve entender por que criamos um vínculo grande com determinadas pessoas. A Jornada do Herói visa a humanizar, trazer para o mundo comum alguém que talvez seja visto como perfeito. Não é assim. As pessoas precisam ver que a transformação é possível, baseadas em um exemplo real.

▶ Método

Muita gente pode se preocupar em simplesmente vender pela internet e esquecer um dos detalhes mais importantes para o negócio digital dar certo: a metodologia do treinamento. Aqui é o momento de você explicar para o seu potencial cliente como o seu curso está estruturado. Ele é dividido por módulos? Existem materiais adicionais? Quantas aulas e como elas foram estruturadas? Vamos falar disso no capítulo seguinte, sobre estruturação de cursos, mas o ideal é que você separe algum tempo importante para falar disso no seu vídeo de vendas.

Encante o seu cliente ao explicar como é o funcionamento interno do seu curso. Mostre que o aprendizado será fácil e assertivo, assim você estará a poucos passos de convencê-lo a realizar a matrícula.

▶ Oferta

Aqui, iremos realmente vender o curso. Existem vários exemplos de como podemos fazer isso da melhor maneira possível, trago alguns dos exemplos que utilizamos aqui. Vamos utilizar alguns exemplos do nosso especialista Charles Laveso.

Charles possui vários produtos dentro da sua jornada do cliente, um produto inicial de R$29 e vários outros, chegando a R$1.597.

Mas como vender diferentes produtos e como anunciar o preço em cada um deles? Vendemos da mesma forma um produto de R$29 e outro de R$1.597? Existe uma diferença importante aí.

A primeira coisa que você deve ter em mente é: não tenha medo de vender. Não há nada de errado nisso. Não há nada errado em cobrar por isso, afinal de contas, esse é o trabalho da sua vida, ou será. Dê valor ao seu trabalho, você está apresentando aquela oferta porque merece e decidiu que faria isso, então você deve ser congruente ao acreditar no preço que você irá cobrar. Essa é, sem dúvida, uma das dicas mais importantes que você vai ler neste livro. Já passei por diversas situações nas quais o especialista tinha medo de dizer preço ou até mesmo não acreditava no valor do produto, e isso, infelizmente, é percebido por seu consumidor.

Vamos ao exemplo.

> No produto de R$29, depois das sequências iniciais introduzidas, chegamos ao valor de R$29.

> "Você deve estar se perguntando: qual é o valor desta videoaula? O que eu posso garantir é que ela é mais barata do que uma saída que você dá para o barzinho com seus amigos. Para você ter ideia, você vai gastar menos de R$1 por dia para ter acesso a essa videoaula, ela é apenas R$29."

Utilizamos de uma situação corriqueira para explanar a facilidade da compra, incentivando-o a investir o mesmo valor de uma saída com amigos na videoaula.

No produto de R$290, mudamos um pouquinho o cenário:

> "Imagino que você esteja curioso para saber qual é o valor do treinamento. Antes de falar o valor, eu quero dizer para você que este treinamento, diante de todo o suporte que será prestado, o acesso à plataforma de ensino e de forma comparativa à minha escola de desenho, deveria custar pelo menos R$900. Mas eu não vou cobrar nem a metade disso. Se você parcelar o curso em 12 vezes, tenho certeza de que você vai gastar menos do que gastaria em uma noite com seus amigos no barzinho. Para ser um de nossos alunos, você pode se matricular por apenas 12 vezes de R$30 ou apenas R$290 à vista."

Nesse caso agregamos valor à experiência do Charles com o curso presencial que é caro, com o suporte que será disponibilizado aos alunos e com o acesso à plataforma de ensino.

No produto de R$1.597, o cenário muda bastante e o foco é fazer a pessoa entender a geração de valor associada à matrícula.

> "De repente agora você deve estar pensando: Charles, esse é o seu curso mais trabalhado, eu devo ter que investir R$3.000 por ele? Você está enganado. Antes de falar o preço, quero clarificar algumas coisas importantes sobre esse treinamento. Você terá acesso irrestrito a mim e ao meu time de alunos para tirar todas as suas dúvidas. Você terá acesso ao bônus X e Y, que são cursos complementares que, sozinhos, valem mais do que R$1.000. Você vai poder ver e rever as aulas quantas vezes quiser e, provavelmente, vai conseguir aumentar sua renda por conta do conhecimento ali aprendido. E,

após isso, queria que você considerasse que nos últimos 25 anos tenho me dedicado exclusivamente ao desenho e tenho sempre procurado dar o meu melhor para você. Esse é o trabalho da minha vida e sei que você entende isso.

"Sim, o curso vale R$3.000, mas não irei cobrar isso porque quero ajudar o maior número de pessoas possível a se tornarem alunas. Eu gosto de ver essa comunidade crescer, de amantes da arte do Desenho. Para garantir uma das poucas vagas deste treinamento, você pode parcelar este curso em 12x de R$150 ou apenas R$1.597 à vista. Pode confiar, cada centavo investido será recompensado com muita dedicação do nosso time!"

Para vender algo mais caro, é importante que você vá deixando elaborado o seu argumento de vendas, utilizando vários elementos de persuasão para diminuir o conceito de valor do produto. Batendo o olho, as pessoas vão achar caro. Mas, com bons argumentos, essa percepção pode mudar radicalmente.

Rápido exercício:

1. Você consegue analisar quais gatilhos mentais foram utilizados neste exemplo? Escreva-os aí embaixo 😀

O que importa é que a pessoa sinta que está pagando um valor abaixo do que realmente vale. Se você conseguir imprimir essa visão dentro do seu argumento de vendas, certamente terá sucesso.

▶ Gatilhos mentais

Como mencionado páginas atrás, os gatilhos mentais são importantíssimos para que realizemos vendas. Sem eles, a carta de vendas perde o brilho. Eu costumo dizer que eles são o acabamento necessário para que você faça sua venda. Vamos imaginar um carro que você ache legal, de repente um VOLVO XC60, novo. Você vê um anúncio deste veículo seminovo um pouco abaixo do preço. Marca com o proprietário e, ao chegar lá, você se depara com algumas surpresas:

- O carro tem teto solar.
- O carro possui acabamento interno luxuoso.
- Possui sensores adicionais e GPS integrado.
- Nos bancos traseiros, possui uma televisão para a criançada.
- O carro está impecável, por dentro e por fora.
- A quilometragem é baixa e o pneu de estepe nunca foi usado.
- Todas as revisões foram feitas na concessionária.

Se você tivesse apenas visto o carro, no seu estado natural do dia a dia, sem os devidos cuidados e tão menos com os adicionais acima, você desconfiaria do preço e não se sentiria atraído. O fato é: o carro bem cuidado e com todos esses acabamentos se tornou um produto irresistível, e não há dúvidas de que você vai fechar negócio e levá-lo para casa.

É por isso que usamos os gatilhos dentro da copy. Fazemos com que as pessoas enxerguem o produto de uma forma muito mais interessante do que ele até pode ser. O que importa é que a pessoa saiba que está adquirindo o melhor produto possível, dentro de todas as opções disponíveis.

Rapidamente, eu diria para você utilizar os seguintes gatilhos mentais nos vídeos de vendas: prova, prova social, garantia, senso de comunidade, autoridade e escassez. Reveja o conteúdo anterior e vamos a mais um exercício.

Exercício:

1. Como você utilizaria estes gatilhos mentais dentro do seu vídeo de vendas?

Prova

Prova Social

Garantia

Senso de Comunidade

Autoridade

Escassez

▶ Tamanho do vídeo

Ótimo! Agora eu sei que você já está bem encaminhado e sabe bem qual é a estrutura do vídeo. Vamos a outro ponto importante da nossa conversa: o tamanho do vídeo. Já vi vídeos de todos os tipos, de apenas dois minutos, outros de uma hora e meia. Não há unanimidade sobre isso, o que importa é que seus vídeos vendam.

Existe uma tendência a acreditar que vídeos longos retêm menos porque as pessoas não dedicam tempo suficiente para assisti-los, mas, sinceramente, não duvido de outras possibilidades. O vídeo de uma hora e meia que conheci vendia pra caramba.

O que eu digo para você é que, em média, um vídeo de vendas tem entre vinte e trinta minutos. Mais ou menos do que isso, passa a ser exceção.

Tente distribuir esse tempo a cada uma das etapas do seu vídeo de forma coerente. Não passe muito rápido por um tema importante. Se ele é importante, é porque você deve falar a respeito dele e com muita calma. A Jornada do Herói mesmo, se bem-feita, não vai levar menos do que 5-10 minutos. Apenas ela!

No fim do dia, você deve olhar para o seu vídeo e pensar: ficou legal pra caramba! Eu compraria esse produto! Se sair com essa mentalidade, está tudo certo.

Agora você já está preparado para criar o seu primeiro vídeo de vendas. Parabéns! Eu fico muito feliz ao compartilhar isso com você, porque eu mesmo levei muito tempo para ter a compreensão exata do que lhe passei agora, foram anos de dedicação. Você não vai precisar passar por todo esse transtorno que eu tive.

▶ Modelos de *copywriting* para um vídeo de vendas

Os modelos são de cartas de vendas oferecidas nas estratégias de lançamento, responsáveis por milhões de reais em vendas. Estude-os com profundidade, pois os elementos aqui discutidos estão repletos nestes dois exemplos, ok? Você também pode adaptá-los para o seu contexto, mantendo sua estrutura lógica.

Vamos lá!

EXEMPLO 1
Formação em Hipnose Clínica

Olá, aqui é o Alberto Dell'isola!

Seja bem-vindo ao último vídeo do workshop online de hipnose instantânea!

Neste vídeo você vai descobrir tudo o que precisa saber para se tornar um aluno do meu curso online de hipnose clínica: para quem é e para quem não é o curso, grade de conteúdo e outras informações.

Este vídeo é, definitivamente, a porta de entrada para você que pretende usar a hipnose de forma profissional. Se você já trabalha com atendimento, certamente poderá aumentar o valor de suas consultorias, visto a eficiência da hipnose, essa ferramenta incrível que tem o poder de transformar vidas rapidamente.

Se você quer usar da hipnose para se apresentar, convencer amigos, familiares, e até mesmo ajudá-los, este vídeo também é para você! Com as técnicas do curso você será capaz de realmente hipnotizar alguém instantaneamente.

Veja esse vídeo atentamente, e assista-o até o fim, para que não tenha nenhum tipo de dúvida, ok?

O meu curso online de hipnose clínica possui mais de vinte horas de conteúdo editado. Ou seja, é realmente um CURSO, didático do início ao fim. Trouxe a minha experiência em psicologia e revisitamos durante o processo de aprendizado vários autores que são aproveitados na área da hipnose.

Este curso foi realmente construído para que as pessoas aprendam do zero, passo a passo, como hipnotizar. E, à medida que vão evoluindo

suas habilidades, eu mostro como a hipnose pode ser usada na área clínica, como atender pessoas e realmente ajudá-las a superar seus desafios. Eu mostro como a pessoa pode se tornar um profissional da hipnose, um agente que realmente transforma vidas.

Bom, se você não viu o último vídeo deste treinamento, ou gostaria de rever o que há na grade de conteúdo, vamos lá!

Módulo I – Conceitos básicos da hipnose

Nas onze aulas do primeiro módulo, você vai ser introduzido à hipnose, vai entender as bases por trás do fenômeno e alguns conceitos básicos como ab-reações, ancoragens, acompanhar e conduzir, dentre outros.

Módulo II – Hipnose em Estado de Vigília

Este módulo possui dezessete aulas que vão ensinar as melhores formas de realizar a hipnose no estado de vigília, ou seja, hipnose com os olhos abertos, sem qualquer tipo de indução formal. Além disso, você vai aprender conceitos inéditos como testes analógicos, binários, como usar os testes de suscetibilidade e maneiras de se realizar a hipnose em vigília sem permitir falhas. Além de tudo isso, você me verá hipnotizando em estado de vigília.

Módulo III – Induções rápidas

Nestas vinte aulas você aprenderá os diversos tipos de induções rápidas, como as variações da Indução de Dave Elman, como realizar uma queda de padrão, vai entender a categorização dos fenômenos hipnóticos, além das maneiras de se realizar a hipnose de uma forma mais segura.

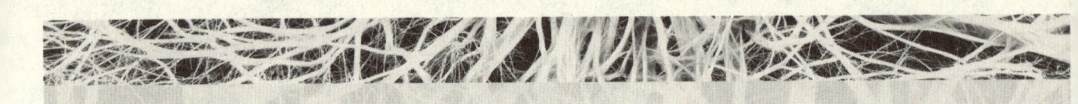

Módulo IV – Induções de choque

Nestas dez aulas você aprenderá como realizar as famosas induções de choque com o mínimo de falha possível. Inclusive, aprenderá variações do *arm pull* que são infalíveis. Além disso, você me verá hipnotizando algumas pessoas, sem cortes, e verá como eu reajo se alguma coisa não dá certo.

Módulo V – Hipnose *impromptu*

Nestas onze aulas você aprenderá como realizar hipnose em ambientes não controlados: ruas, bares, dentre outros. Você aprenderá meu protocolo sem falhas para hipnose sem preparação (*impromptu*), entenderá as questões legais envolvidas e aprenderá as diferenças entre hipnose de rua e de palco.

Módulo VI – Psicologia e Terapia

Nestas onze aulas você aprenderá as bases das principais escolas de pensamento da psicologia: psicanálise, humanismo e behaviorismo. Além disso, entenderá como algumas dessas teorias se encaixam perfeitamente na prática da hipnoterapia.

Módulo VII – Melhores Práticas de Dave Elman – Parte 1

Módulo VII – Hipnose Clássica – Dave Elman

Nestas quinze aulas, você aprenderá ainda mais sobre as bases da hipnose clássica, entenderá por que os médicos gostaram tanto dos métodos de Dave Elman, aprenderá mais sobre o estado de Esdaile, a importância da semântica para Dave Elman e verá mais uma prática de hipnose gravada sem cortes.

Módulo VIII – Hipnose Conversacional

Nestas dezesseis aulas você conhecerá as principais técnicas de outro grande hipnotista do século XX, o Dr. Milton Erickson. Você entenderá as bases da hipnose ericksoniana, o modelo Milton de comunicação, o poder dos isomorfismos, loops aninhados, segredos da cura rápida de fobia e muito mais.

Módulo IX – Protocolos específicos de terapia

Nestas dezessete aulas você aprenderá sobre meu protocolo de hipnoterapia para lidar com vícios, técnicas para lidar com transtorno alimentar evitativo, hipnose e aprendizagem, técnicas de auto-hipnose, como lidar com transtornos sexuais e muito mais.

Módulo X – Ganhando dinheiro com hipnose

Neste último módulo você aprenderá como empreender com a hipnose, como criar sua empresa, quais as melhores formas de ganhar dinheiro trabalhando com hipnose, como usar as redes sociais a seu favor, dicas de SEO e muito mais!

AVALIAÇÃO FINAL:

Ao final do curso, você poderá realizar uma prova e obter certificação do internacional Dave Elman Hypnosis Institute.

Vou deixar claro para você, mais uma vez, algo superimportante: nós somos os únicos autorizados no Brasil a emitir o certificado do Instituto Dave Elman. Esse é um certificado internacional e realmente separa o "joio do trigo da hipnose".

Sobre as vagas: elas são limitadas, pelo seguinte motivo: eu realmente não posso atender um número muito grande de pessoas, pois isso iria abaixar o nível de qualidade do atendimento aos alunos no grupo secreto. Todos os alunos do curso irão participar de um grupo secreto e exclusivo, no qual compartilhamos dicas e estratégias na área da hipnose e também falamos sobre o conteúdo do curso.

Você vai realmente se sentir acompanhado, e não sozinho. O propósito do grupo secreto é ser uma comunidade atuante e ter influência no curso, fazendo com que ele deixe de ser apenas um curso online, para ser um CURSO VIRTUAL, ou seja, com análise e discussões das aulas. Foi por isso que eu fiz esse grupo exclusivo para os alunos, porque sei que o senso de comunidade é algo muito forte e benéfico para os envolvidos.

É por causa disso que eu realmente tenho que limitar o número de matrículas. Portanto, se você está vendo esse vídeo e o botão de matrículas ainda aparece para você, aproveite para realizá-la.

Vamos lá, sobre o valor do curso. Como eu disse no último vídeo, para um treinamento presencial de apenas 2 dias, o meu ticket médio é de 2 mil reais. Mas, para falar a verdade, o meu curso online de hipnose clínica é muito mais completo e eficiente, porque são mais de vinte horas de conteúdo. E o outro fator importante é que você pode ver e rever as aulas quantas vezes quiser.

Levando tudo isso em consideração — conteúdo, certificação internacional, grupo secreto de alunos —, eu pensei em cobrar R$6.000,00 pelo meu curso online de hipnose clínica.

Acredito que seria um valor justo e razoável, mas eu decidi não fazer isso por um simples motivo.

Eu quero atingir o maior número de pessoas possível com esse treinamento e não quero restringir ao máximo esse público. Meu desejo é que mais profissionais utilizem corretamente a hipnose e sei que as pessoas com esse treinamento realmente estarão ajudando muitas outras!

Por isso, você poderá se matricular no meu curso online por R$3.497,00 à vista ou poderá parcelar esse valor 12 vezes, sem juros!

Lembre-se que esse é o curso de hipnose mais completo do mercado, porque eu conheço todos, já fiz treinamentos no Brasil e no exterior e sei o quanto me dediquei para entregar esse nível de qualidade para você.

Esse é o investimento que você precisa fazer para participar desse grupo seleto e exclusivo que eu estarei pessoalmente trabalhando junto a você, em prol do seu desenvolvimento.

Para garantir a sua matrícula, clique no botão logo abaixo.

Bom, mas para deixar a sua decisão mais confortável, eu decidi que você pode solicitar o seu investimento de volta em até quinze dias. Se por algum motivo você não gostar do curso, eu irei devolver o seu dinheiro em quinze dias. Sem perguntas. Estou fazendo isso porque eu realmente acredito no meu trabalho e no empenho que eu coloquei neste curso, e sei que as pessoas realmente podem transformar suas vidas com esse conhecimento.

As matrículas ficarão abertas até que todas sejam preenchidas, portanto, se você está vendo esta página e o botão de matrícula ainda está disponível, pode ser a última chance de garantir uma das vagas.

Lembre-se: eu apenas posso mostrar a porta a você. Mas é você, somente você, que pode atravessá-la.

Aproveite para ver todos os depoimentos de alunos do meu curso online de hipnose clínica, que estão nesta página. São pessoas comuns, iguais a mim e a você, que estão mudando sua vida com esse conhecimento.

Caso tenha alguma dúvida, você também pode entrar em contato conosco pelo WhatsApp, o número está nesta página.

É isso! Espero que tenha curtido as últimas semanas com o nosso workshop. Convido você a se tornar um aluno do meu curso.

Vejo você lá, um grande abraço!

EXEMPLO 2
Curso Virtual de Desenhos Realistas

Opa, Charles Laveso aqui. Tudo bem?

Primeiramente, quero desejar boas-vindas ao vídeo no qual eu vou falar de todos os detalhes sobre o nosso Treinamento Virtual de Desenhos Realistas!

Neste vídeo você vai saber tudo sobre o curso e as condições para que você possa efetuar uma das matrículas disponíveis. Então eu vou pedir que você preste bastante atenção, foco total neste vídeo até o fim, desligue a TV, o Spotify, sai do Facebook, para saber exatamente tudo que você pode ter acesso por meio do nosso treinamento a partir de agora!

Mas... Antes de falar sobre o treinamento fechado, quero fazer um agradecimento pessoal à quantidade enorme de pessoas que participaram deste Workshop. A gente ultrapassou a marca de 130 mil pessoas, recebemos milhares de comentários e eu tive o prazer de ver o quanto esses vídeos contribuíram para muita gente voltar a desenhar e outros muitos evoluírem na qualidade do trabalho que já fazem!

Muita gente compartilhou suas histórias e suas expectativas em fazer parte dessa nova turma. E eu vejo realmente que estou no caminho certo por ter a oportunidade de ajudar essas pessoas e em especial os novos alunos que vão se inscrever nessa nova turma do treinamento!

Seguinte, vamos só dar uma resumida...

No primeiro vídeo, falamos sobre a importância da "dedicação" em relação ao "Talento". Eu contei minha história, de como desenvolvi a arte do realismo e, ao final do vídeo, fiz um convite para que todos enviassem um desenho para ser avaliado por mim ou por alguém da minha equipe.

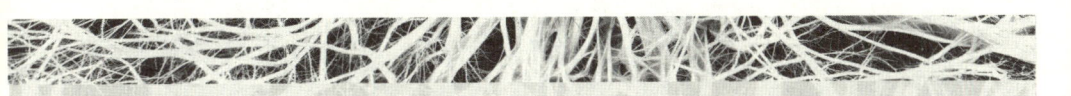

O resultado disso foi: milhares de desenhos. Foi bom demais ver que muita gente se interessou e quer evoluir ainda mais nos seus trabalhos.

No segundo vídeo eu mostrei para você os tipos de desenhos que você pode fazer que encurtam o caminho de seu desenvolvimento porque você trabalha de maneira mais eficaz a sua observação, transformando a sua maneira de pensar!

Aliás, o foco deste Workshop é transformar a sua maneira de pensar e de enxergar o que está diante dos seus olhos.

Porque os seus desenhos serão exatamente o resultado dessa transformação!

Aí veio o terceiro vídeo...

Foi onde eu escolhi dois desenhos entre os que foram enviados, e me baseei neles para dar dicas importantes, porque eu acredito que a crítica construtiva sempre nos faz observar o nosso próprio trabalho com um olhar diferente e isso sempre nos faz crescer e fazer cada vez melhor! Nesse vídeo também apresentei os materiais que eu uso e indico... Foi um vídeo com muita dica técnica que eu tenho a certeza que ajudou muita gente!!!

Enfim, chegamos ao último vídeo, no qual quero falar com você que já entendeu que este treinamento não é para qualquer um!

E por que não é para qualquer um????

Porque a proposta que eu tenho é para aqueles que querem mudar sua forma de desenhar.

É para aqueles que querem estudar com foco.

Para quem quer se dedicar com disciplina!

É para aqueles que sabem que sem compromisso nunca terão evolução...

Então essa é a sua oportunidade de fazer o curso de desenho que você nunca pôde fazer na sua vida!

Por vários motivos...

Ou porque onde você mora nunca teve uma escola bacana, ou, de repente, porque você nunca teve tempo e nem condições... às vezes você até entrou numa escola, mas só mandavam você desenhar, desenhar e desenhar e nunca mostravam nada de novo e aí você desanimou...

Talvez você nunca tenha feito um curso porque você sempre pensou que o camarada precisa nascer com um dom pra coisa, ou você desenhava e um dia veio alguém e fez uma crítica que o colocou para baixo e aí já era... Você nunca mais desenhou nada...

Mas toda vez que vê alguém desenhando você pira e sabe que precisa voltar a desenhar!!!

O Treinamento Fechado ou Curso Virtual é também para quem já desenha, mas quer se aperfeiçoar na técnica do realismo, talvez porque seja um tatuador, ou porque trabalha com encomendas de retrato e quer fazer um trabalho com uma qualidade mais impressionante!

O curso também serve para quem pensa em montar uma escola de desenho realista, mas nem tem noção por onde começar...

Então, pensa comigo... Dentro do curso você vai aprender toda a didática que pode lhe dar suporte e futuramente você pode montar sua própria grade de ensino e começar a dar aulas aí exatamente onde você mora!

Olha só, eu gostaria que você entendesse de verdade a oportunidade que você está tendo hoje... Essa possibilidade de TRANSFORMAÇÃO por meio do aprendizado e do conhecimento é, sem dúvida, uma das melhores coisas que a internet oferece!

Ah, legal, eu já entendi, mas o que eu vou aprender no Curso???

Vou explicar agora!

Assim que você se cadastra no curso, recebe um login e uma senha no e-mail que você pode usar para fazer a matrícula. (Mas preste muita

atenção para não digitar o e-mail errado! Porque senão o seu acesso pode ir para outra pessoa!)

Após se inscrever, você vai receber o acesso a uma área virtual, onde terá a oportunidade de ver e rever as videoaulas quantas vezes quiser pelo período de três anos.

Isso é o que há de melhor em ensino a distância, porque, além de poder ver e rever quantas vezes quiser, você também pode tirar suas dúvidas dentro de um grupo fechado no Facebook no qual a nossa equipe dá total suporte pelo período de UM ANO!

Eu costumo dizer que só esse suporte já daria o valor do curso todo!

Porque, quando faz sua inscrição, você começa também a participar desse grupo fechado que é uma comunidade virtual gerenciada por mim e por pessoas da minha equipe. Dentro desse grupo, você vai interagir com pessoas que também estão desenvolvendo o desenho realista e é muito legal ver como esse grupo, depois de um tempo, se torna quase uma família compartilhando e absorvendo experiências e conhecimento... E olha, modéstia à parte, a equipe que eu tenho é formada por pessoas da minha total confiança que desenham pra caramba e que eu cuidadosamente selecionei para poder atender a todos os alunos dentro dessa comunidade fechada, tirando dúvidas, avaliando a evolução de cada aluno, enfim, mostrando a direção mesmo, passo a passo! Dividi essa tarefa porque é humanamente impossível eu pessoalmente atender a todos sozinho...

Bom, agora deixa eu falar um pouco também do que o curso oferece em vídeos...

Vamos lá, a gente começa com uma:

– Introdução – Aqui é explicado sobre os materiais...

Neste vídeo eu apresento uma lista dos materiais que a gente usa durante o curso e passo alguns links de onde você pode encontrar cada item desses materiais até mesmo com frete gratuito para quem é aluno!

Na sequência eu apresento quatro videoaulas falando sobre métodos para traçar os seus desenhos antes de trabalhar o sombreamento... Essa é uma das aulas que considero muito importantes!

Depois, você passa a ter acesso a vídeos nos quais tratamos das principais noções de sombreamento, camadas, degradês, posições do lápis, leveza da mão, observação e manchas... Enfim, muita informação importante para dar uma base sólida de luz e sombra!

Aí então entramos em um tema que a galera pede muito! Que é Cabelos e Pelos. Nessa fase mostro vários estilos de cabelos, porque é um assunto complexo e precisa ser bem detalhado!

Começamos pelas partes do rosto, dividindo o assunto... para facilitar a explicação e a compreensão! Desenhamos bocas, narizes e olhos com sobrancelhas...

E vale lembrar que esses vídeos não são acelerados que nem no YouTube, são em tempo real e eu vou narrando tudo o que estou fazendo, os materiais que uso, o porquê estou usando e tal...

Depois disso partimos para o retrato, onde eu desenho um rosto mais simples... e depois vamos avançando para outras texturas como: metal, madeira, água, fundo desfocado etc.

Só então começamos a trabalhar texturas de pele, barbas, pelos brancos... Enfim...

Além de assistir a tudo isso, você pode baixar as imagens dos desenhos para exercícios...

E também baixar uma apostila que pode auxiliá-lo em muitos pontos de dúvidas!

Atualmente, já contamos com mais de vinte horas de conteúdo, mas eu não gosto muito de falar de horas, porque para mim o mais importante não é a quantidade de tempo que você assiste que vai fazer você aprender, mas sim a sua capacidade de focar e absorver aquilo que aprendeu...

Eu costumo dizer que as videoaulas são o começo do processo, mas o fim do processo é com você, é o quanto você absorve dessa transformação na forma de pensar o desenho!!!

Isso tudo que eu falei é a grade do treinamento virtual, mas além de tudo isso eu disponibilizo algumas videoaulas extras só para você se divertir... Você vai poder assistir em mais de uma hora de videoaula este desenho do Walter White sendo feito passo a passo com todos os detalhes que envolvem esta imagem. Vai também poder assistir a outras três videoaulas nas quais mostro a pele negra com texturas sendo desenhada em grafite e outra com mais de uma hora sendo feita em técnica mista, na qual uso grafite e lápis de carvão. E, por último, uma aula com lápis de cor, uma videoaula com um artista que eu admiro pelo compromisso e pela humildade desse cara, e é por isso ele que está fazendo sucesso no YouTube, é o Cleison Magalhães!!!

Agora que você já sabe sobre o cronograma do curso, eu imagino que esteja curioso para saber qual é o valor e como fazer para se matricular...

E esta é a hora que eu acho mais complicada...

Por quê? Como que eu vou falar de valor quando eu olho para mais de 22 anos ralando, estudando, errando, corrigindo, ensinando, aprendendo... ou seja, é difícil para mim, porque nesse curso eu entrego a você o melhor do meu aprendizado que levei mais de 20 anos para construir e aí eu penso: quanto valem as muitas madrugadas que fiquei elaborando as aulas da semana? Quanto valem as milhares de horas que passei desenhando em finais de semana para poder entregar uma encomenda? Quanto valem as vezes que eu viajei e cheguei a ir até a Europa para adquirir conhecimento de novas técnicas entre outros artistas e o que eu ganhei financeiramente não foi nem um quinto do que eu gastei?

Você entendeu por que eu não estou aqui para vender vinte horas de videoaula, mas sim uma experiência de mais de vinte anos de muito trabalho e compromisso?

Se fosse um curso presencial, o aluno pagaria 1.500 reais pelo tempo de 10 meses de aula, mas ele só teria a minha atenção 1x por semana, ou seja, eu tiraria as dúvidas dele agora e depois só na semana que vem, amigão... E aqui não, eu estou oferecendo três anos de vídeos mais um ano de suporte todos os dias, exceto finais de semana, porque também ninguém é de ferro... E você ainda pode assistir às aulas quantas vezes quiser e fazer isso dentro do seu tempo...

Aí pensei e decidi, acho que vale cobrar uns 3 mil reais por esses 3 anos... Mas depois eu pensei melhor, espera, eu tenho uma equipe com 4 professores, uma equipe de marketing, contador, impostos sobre alunos. Ou seja, 3 mil seria o mínimo que eu poderia cobrar...

Mas... Se eu fizer isso, estarei impossibilitando o sonho de muita gente fazer este curso, e eu sei bem como é isso. Então eu pensei que se eu cobrar um terço disso posso alcançar 3x mais pessoas mundo afora!

Porque eu não estou vendendo um produto em série... Estou tornando sonhos possíveis, estou oferecendo a possibilidade de você fazer um curso que vai transformar sua maneira de pensar o desenho!

Eu quero ver muita gente criando e compartilhando a arte Desenhos Realistas e não quero que o preço seja um impedimento para isso.

Eu sei que o país atravessa uma fase difícil, mas eu penso também que a crise muitas vezes é um convite à mudança... É na dificuldade muitas vezes que desenvolvemos conhecimentos que nunca pensamos que seríamos capazes...

Por outro lado...

O problema de manter um preço mais baixo é que eu não vou poder deixar as inscrições abertas por muito tempo... Porque senão entra gente demais e acaba complicando para podermos dar suporte a todos.

Então, para você ter acesso ao curso, vai pagar menos da metade do que eu penso que ele vale, o valor é R$997,00 à vista, ou você pode parcelar em 12 vezes de R$97,14 no seu cartão de crédito pela plataforma da Hotmart.

Vale lembrar que o pagamento parcelado só pode ser feito com cartão de crédito, outras formas de pagamento são só à vista!

Esse valor é mais barato que um smartphone que você compra hoje e antes de acabar de pagar ele já deu pau ou você já o derrubou no chão, quebrou a tela... Enfim...

A possibilidade de conhecimento que estou oferecendo não trava, não dá defeito, ninguém rouba de você, pelo contrário... O pouco que você aprende aqui, você multiplica ali e reparte lá na frente!

E aí eu pergunto: quer entrar agora ou quer esperar a próxima turma para daqui a seis meses?

Para se inscrever, basta clicar no botão abaixo e seguir as instruções para o pagamento.

Mas, para você não ficar pensando muito agora e perder a vaga, eu vou deixar sua decisão mais fácil.

Você compra agora, assiste, desenha e se dentro de quinze dias você achar que este curso não é para você, basta me mandar um e-mail e eu devolvo o valor integral daquilo que você investiu!

Você ouvindo isso pode pensar... O Charles pirou! Quer dizer que se eu não gostar eu tenho meu dinheiro de volta???

Isso mesmo, e sabe por que faço isso? Porque eu assumo a responsabilidade de estar oferecendo um curso que vai revolucionar sua maneira de pensar o desenho! Eu assumo o risco do seu investimento!

Agora, para finalizar...

Além de tudo isso, quero oferecer ao primeiro aluno que se inscrever dois dias de aula presencial aqui comigo no meu estúdio com todas as despesas pagas.

Os três primeiros que se inscreverem ganham um kit de material para desenhos realistas e os dez primeiros inscritos no curso ganharão um TICKET para um workshop ao vivo comigo e a nossa equipe de professores aqui na cidade de Ribeirão Preto, interior de São Paulo, em data a ser definida...

Esse Workshop não será aberto a outras pessoas, somente aos dez primeiros...

Bem, tudo o que você ouviu aqui já pode ser o suficiente para você realizar a sua inscrição, mas eu quero lembrar mais uma vez:

As vagas são limitadas!!!

Espero que este vídeo tenha sido esclarecedor para você porque eu não vejo a hora de ver essa turma fechada!

Fique aí agora com o depoimento de alguns alunos para você ver e ouvir o que eles têm a dizer sobre o curso virtual de Desenhos Realistas.

Um grande abraço e vejo você no curso!

Estude ambos os modelos de vídeos de vendas profundamente, eles foram responsáveis por milhares de vendas. Sendo assim, analise calmamente as passagens, e procure observar como as estratégias de *copywriting* foram utilizadas dentro desse contexto.

Aproveite para começar a esboçar o seu roteiro de vídeo de vendas.

Mas chegamos a um ponto MUITO importante. Você vai gravar esse vídeo para qual produto? Como criar um produto? Chegamos ao momento da leitura que eu estava super ansioso para conversar com você.

Como criar seu produto curso online totalmente do zero.

CRIANDO UM CURSO DO ZERO

Antes de começar a falar sobre nossos produtos vencedores, eu quero falar dos meus fracassos. Eles vão servir de base e de parâmetro para você não cometer os mesmos erros. O ano era 2013 e eu havia acabado de entrar na Hotmart. Olhando aquele mar de produtos, e o sucesso de vários, eu precisava lançar alguma coisa. Mas eu não era especialista em nada, o que deveria fazer?

Em vez de me tornar um especialista, acabei descobrindo um nicho e decidindo vender o produto por reunir informações. O que isso quer dizer? Eu criei um curso sobre um assunto no qual não era especialista.

Assim nasceu meu primeiro produto digital, que era o curso Capital Semente. Em sua primeira versão, o produto se tratava apenas de um e-book vendido por R$49,00.

Para driblar a adversidade de não ter autoridade e não ser especialista, fiz uma pesquisa profunda a respeito de como conseguir Capital Semente, selecionando os principais especialistas e fundos de investimento e integrando eles ao meu e-book.

Como eu não tinha audiência, criei um funil de prospecção baseado no Google Ads.

Isso acabou funcionando durante um tempo. Na verdade, junto com os meus ganhos como afiliado com o Blog EmpreendedorX, eu cheguei a R$10.000 em vendas de cursos online em pouco mais de um ano que entrei para a Hotmart.

O grande problema era que eu não estava fazendo aquilo que eu realmente gostava, e me sentia mal por vender algo em que eu não era especialista. Não que fosse errado, mas o que se espera é que você domine o assunto que está vendendo, sendo assim você constrói autoridade tanto para você quanto para o seu próprio curso.

O que havia ali era uma oportunidade mal aproveitada e impossível de ganhar escala. Acabei transformando aquele e-book em videoaulas, vendi um pouco mais, porém acabou se tornando um produto abandonado.

Por isso, é importante atuar em um nicho baseado naquilo que você realmente gosta de fazer. Seja oportunista (no bom sentido) com aquilo que você realmente ama fazer, assim invariavelmente você criará conteúdos incríveis e inspiradores.

▶ O teste de conhecimento

Havia mais de um ano que estava trabalhando na Hotmart e quis testar uma forma diferente de marketing. Será que aquelas ideias e conceitos funcionariam no mercado offline, ou aquilo era restrito ao mercado de vendas de cursos online?

Minha mãe tem uma habilidade incrível em fazer doces e bolos. Ela já fazia encomendas, então o que eu pensei naquele momento foi que, se eu aplicasse os conceitos de marketing digital para ela, teria melhores resultados e, principalmente, clientes vindos pela internet. Mas ela não tinha nada de digital, então tive que criar do zero:

1. Uma marca.
2. Uma fanpage.
3. Um site.

Para a marca, como eu não era designer, acabei contratando os serviços da freelancer.com, que é um site que reúne freelancers por todo o mundo. Coloquei meu projeto lá e expliquei o conceito, e eles criaram uma marca para minha mãe por apenas R$100,00. Inclusive, acabei usando os serviços deles algumas vezes.

Figura 5: Criação de marca

Fonte: Webmentoring (2014).

Com a marca pronta, agora era uma questão de criar a fanpage e atrair as primeiras audiências, que consistiam basicamente nos amigos e amigas do Facebook da minha mãe. Logo, populamos a fanpage com algumas centenas de pessoas. Também colocamos vários conteúdos dela, como doces, bolos e tortas em geral. As pessoas estavam gostando muito, inclusive alguns amigos já pediam orçamentos.

Porém, como escalar para um público que não era de conhecidos? Assim, eu criei a minha primeira campanha online do negócio da minha mãe, para moradores de Belo Horizonte. O conteúdo era um sorteio de um ovo de Páscoa para quem comentasse e compartilhasse aquela publicação, você pode ver logo abaixo:

Figura 6: Primeira campanha online

Fonte: Webmentoring (2014).

Tivemos este resultado:

222 CURTIDAS / 281 COMENTÁRIOS /
472 COMPARTILHAMENTOS

Ou seja, o resultado foi excelente, tivemos 472 compartilhamentos e milhares de pessoas impactadas, o que resultou em mais de R$10 mil em vendas para a minha mãe, investindo algo em torno de apenas R$200,00.

E o mais importante: as estratégias funcionavam independentemente do contexto, fosse ele curso online ou serviços, ou a venda de produtos físicos. Isso me deixou confiante para empacotar esse conhecimento em um curso online.

Aqui vem outro fracasso.

Participava de um grupo de empreendedores digitais interessados nesse setor no Facebook, comentei dos resultados da minha mãe e perguntei se as pessoas gostariam de aprender. Vários disseram que sim, então eu acabei criando o curso Marketing Digital para Pequenos Negócios. Nesse curso eu mostrava exatamente o que fiz com a minha mãe passo a passo, demonstrando que aquele era um processo replicável. (E era mesmo!)

Vendemos por volta de 20 unidades a 497 reais, o que não era nada mal, mas ainda assim eu estava incomodado.

Eu estava vendendo para o público errado, e mal tinha feito uma estratégia funcionar e já estava lançando curso.

Público errado porque aquelas pessoas queriam se tornar ou já eram empreendedores digitais. O correto deveria ser para proprietários de pequenos negócios.

E eu tinha pouca experiência, mesmo com os resultados positivos, não era o momento de vender curso.

Foi por isso que tanto o Capital Semente quanto o Marketing Digital para Pequenos Negócios não ganharam tração, eu ainda não era uma autoridade na área e as vendas seriam fadadas a serem sempre as mesmas e em menor escala.

Foque em se transformar em uma autoridade online para criar seu próprio curso digital.

▶ Estruturando seu primeiro produto

A primeira e mais importante coisa que você precisa saber antes de criar seu produto é entender sua audiência. Você realmente os conhece? Não adianta criar a melhor solução do mundo dentro da sua cabeça se as pessoas desejam outra coisa.

Muitos produtores digitais se frustram nessa jornada por achar que seu produto é perfeito e, uma vez aberto ao público, será um grande sucesso. Essa é uma enorme falha e que abre margem para o fracasso.

O cenário ideal é que você já conheça bem as dores do seu nicho, quais as maiores expectativas e onde seu público quer chegar. Para fazer isso, você precisa entender dois conceitos importantes.

O que é "persona" e o que é "avatar".

▶ Persona

O primeiro grande sucesso que tive com marketing digital foi um curso produzido com meu irmão de manutenção de notebooks. Levando isso em consideração, e depois de algum estudo, sabíamos que o público dele se constitui por pessoas de 22 a 45 anos, que desejavam aprender a consertar notebooks de forma profunda, muito mais do que simplesmente formatar um computador.

Essas pessoas tinham formação em TI, metade delas era casada e tinha filhos. Ou seja:

> Homens entre 22 e 45 anos, formados em TI, metade deles casados e com filhos. Nesse caso, estamos nos referindo à Persona do nosso produto, por agruparmos um grande número de pessoas.

▶ Avatar

Pedro, de 28 anos, é casado e tem dois filhos. Trabalha como técnico de informática em sua cidade, Barueri, formatando computadores e fazendo upgrades (melhorando peças). Possui uma faixa de renda familiar de R$3.000, porém acha que pode dar uma vida melhor para sua família se pudesse aprender a realizar reparos mais complexos nos computadores.

Desta vez, estamos falando do nosso avatar. Demos vida a um personagem que possui expectativas reais.

Mapear tanto sua persona quanto seu avatar mostra-se indispensável para a criação de um produto digital, uma vez que você entenderá melhor seu cliente.

Lembre-se, entender melhor um cliente significa ter mais vendas e criar uma relação de longo prazo com ele.

Depois de compreender a sua persona e o seu avatar, entendendo suas dores mais profundas, você precisa estruturar seu produto. O modelo que eu gosto de utilizar na estruturação de produtos possui três ciclos de aprendizado, que são:

1. Início.
2. Meio.
3. Fim.

Início

O início do curso deve possuir os elementos básicos para a compreensão da proposta do curso. Porém, isso não significa que não seja importante! Lembra-se do conceito de LEAD que falamos ali atrás a respeito de copy? Aqui vale o mesmo: o início do seu curso deve mostrar para a pessoa um novo mundo de possibilidades. Ela deve fazer este momento de forma entusiasmada e ansiosa pelos próximos conteúdos. Ainda não comente assuntos muito complexos neste início, deixe para depois.

Meio

Neste momento começamos a abordar assuntos mais profundos sobre o que você está vendendo, apresentando inclusive exercícios e técnicas. A pessoa já está conectada e você pode falar de assuntos mais complicados.

Fim

É aqui que dizemos que o conteúdo é avançado. Ou seja, profundidade nas questões faz com que existam grandes saltos de aprendizado por parte do seu cliente. Abuse de terminologias e técnicas extremamente elaboradas. Aqui também vamos impressionar o nosso cliente com o nível de conhecimento adquirido. Por fim, adicione algumas aulas bônus ao curso que alterem o senso de valor percebido pelo cliente.

Pense o seu conteúdo como uma escadinha, na qual os primeiros passos estão no início e os passos finais estão no fim.

▶ Número de aulas

Essa é uma discussão interessante na comunidade. Muita gente diz que cursos mais rápidos tendem a alterar a percepção de valor dos clientes para menos do que pagaram, enquanto cursos muito longos são chatos e não provocam a retenção do cliente. Eu costumo dizer em minhas consultorias e palestras que o cliente tem que assistir ao que ele realmente precisa ver.

Não importa o tamanho, desde que aquele conhecimento realmente seja feito em precisão para o cliente.

Portanto, cursos longos ou curtos são interessantes quando criados na medida. Por vezes um curso de uma hora passa informações tão importantes que a pessoa sente que pagou barato por aquilo, enquanto um mais longo precisou agir de forma esmiuçada e detalhista e isso também era importante.

Aqui temos cursos de uma hora e até mesmo de cem horas. Não tem problema. Eles foram criados do tamanho que a audiência precisava.

O mesmo conceito deve ser aplicado à quantidade de minutos em cada vídeo. Não se prenda ao conceito de que as aulas sempre devem ser longas. Para algumas delas é sim necessário, mas em outras não. Aulas pequenas dão um tom de objetividade grande e, se bem-preparadas, causam enorme retenção.

▶ Conhecendo melhor o seu potencial comprador

Antes de vender seu produto, é importante que entenda melhor a sua audiência. Muitas autoridades online, que são pessoas que construíram sua fama por meio da internet, conhecem bastante o seu público, mas não o suficiente para entrar "em suas mentes". Pior ainda é o cenário quando o especialista está formando a sua audiência e tudo é novidade. No meu primeiro lançamento de sucesso, no qual lancei um especialista em manutenção de notebooks, eu criei o seguinte funil:

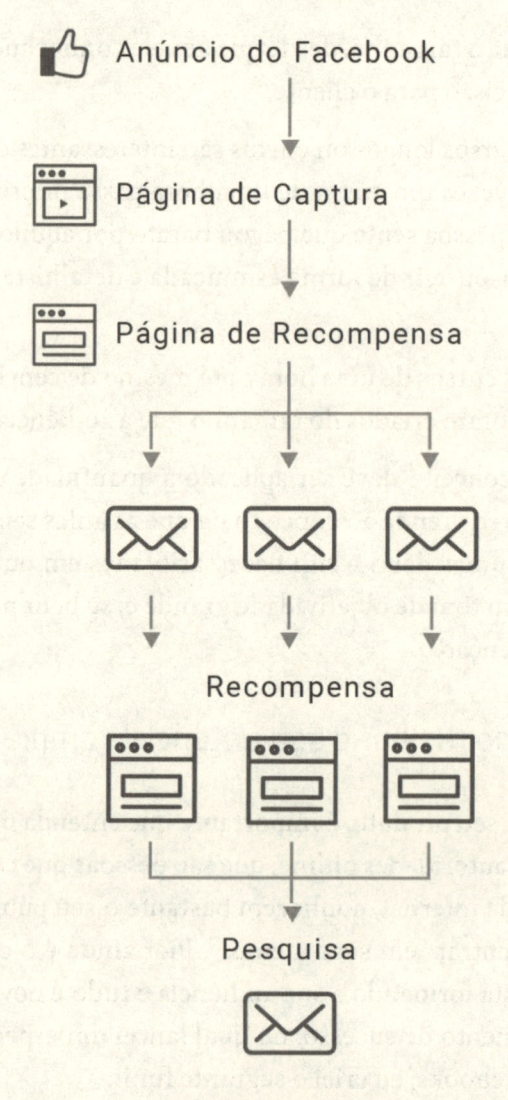

Figura 7: Lançamento de sucesso

Anúncio do Facebook

Página de Captura

Página de Recompensa

Recompensa

Pesquisa

Fonte: Webmentoring (2021).

Como você pode perceber no funil anterior, eu construí primeiro a audiência, gerando tráfego pelo Facebook. Após isso, enviamos para uma página de captura que prometia a entrega de uma recompensa digital.

Posteriormente, enviamos uma série de conteúdos de alto valor para a lead, assim criamos o primeiro gatilho mental de autoridade e prova de conhecimento do nosso especialista. Quando acumulamos mil contatos, enviamos a seguinte pesquisa, aproveite para utilizá-la dentro do seu negócio:

1. Qual é o seu nome?
2. Qual é o seu telefone?
3. Qual é a sua idade?
4. Qual é o seu sexo?
5. Qual é o seu grau de escolaridade?
6. Se você marcou curso superior ou técnico na opção anterior, qual?
7. Você é casado?
8. Qual é a sua renda familiar?
   a. de 0 a R$1.000 por mês.
   b. R$1.000 a R$2.000 por mês.
   c. R$2.000 a R$3.000 por mês.
   d. R$3.000 a R$4.000 por mês.
   e. + de R$4.000 por mês.
9. Você é (aqui você pergunta se a pessoa já atua no seu nicho).
10. Se você é (a profissão), há quanto tempo atua?
11. De qual Estado do Brasil você é?
12. Por que você me acompanha? (Coloque pergunta aberta.)

13. Quais sites de (colocar seu nicho) você costuma acompanhar? (Aqui é ótimo para saber procurar possíveis parceiros.)

Compilados os dados, agora você tem excelentes informações a respeito da sua persona e a partir disso você saberá melhor precificar o seu produto.

▶ 4 fatores da precificação de produtos

Figura 8: Fatores de precificação do produto

Fonte: Webmentoring (2021).

Quando você escolher o preço do seu produto, esse valor não pode simplesmente surgir da sua cabeça. Munido das informações preenchidas no formulário, você já tem um parâmetro inicial do valor que pode cobrar do produto. A partir disso, é importante entender a relação da foto anterior:

Valor do Ticket — Valor da Entrega — Tempo de Conteúdo — Faixa de renda da sua persona

Tudo isso deve transitar em harmonia para que você encontre um preço ideal. Tratando-se de cursos, o "Normal" dentro desse contexto é as pessoas pensarem que, quanto maior e mais longo o produto, mais caro ele é. Em alguns casos isso faz sentido.

Não adianta tentarmos vender um produto de R$2.000 que contém apenas uma hora de treinamento. Imagine que seus alunos terminarão esse curso na mesma hora, qual será a reação deles? "Paguei mais do que esse produto merece."

Ao mesmo tempo, um curso de quarenta horas será demasiadamente longo e cansativo, o que aumentará os índices de reembolso do seu produto.

Por isso, levando em conta os quatro fatores da precificação de produtos, você estará mais próximo da escolha certa.

Esta é uma recomendação que dou em todas as minhas consultorias e treinamentos: melhor errar no preço para baixo do que para cima. Ou seja, se você lançar seu produto mais barato do que ele deve ser, isso ainda pode ser consertado com facilidade, uma vez que você pode pausar as divulgações do produto e realizar o reajuste para mais. Sem contar que você também terá muitos alunos.

Agora, quando você lança um produto muito mais caro do que ele deveria ser, aí é outra história.

Trocar o valor para mais barato fará com que seus clientes iniciais fiquem chateados, tendo em vista que eles pagaram mais caro. Isso criará confusão na sua comunidade, possivelmente com vários pedidos de reembolso.

Por via das dúvidas, sempre escolha um valor abaixo do que ele realmente vale. Ao menos, você fará mais vendas e isso por si só dará fatores positivos na sua estratégia de marketing.

▶ Evolução do produto

Um erro grave que os produtores iniciantes cometem é pensar que o produto não deve sofrer novas atualizações. Temos vários motivos para que os conteúdos sejam sempre recriados, a saber:

1. Você vai adquirir mais conhecimento

O produto que você cria hoje, com o conhecimento atual, pode ser diferente daqui a três anos, simplesmente porque você aprendeu coisas novas, tem mais experiência com câmera etc.

2. Diminuir a taxa de reembolso

Ouvindo os clientes, você pode ver onde estão os erros dentro do curso e o que precisa fazer para melhorar. Isso impõe a regravação de novos conteúdos para a sua audiência, uma vez que o conteúdo se torna ultrapassado.

3. Aumento de preço

Uma ótima justificativa para reajustar o preço de um curso online é fazer novas inserções e modificações dentro do curso, pois você pode argumentar para os seus compradores que tem se preocupado com a evolução do curso.

4. Qualidade da imagem

> As tecnologias de hoje serão talvez ultrapassadas da-
> qui a dois anos. Se você mantiver seus vídeos sempre
> atualizados em relação à qualidade, a experiência dos
> seus alunos será melhor.

5. Por fim, uma excelente experiência de renovação dentro da área de estudos do curso significa clientes mais
satisfeitos e com uma tendência alta de adquirir novos
produtos que você produza.

> Passamos por assuntos importantes a respeito da
> criação de um curso online, de um vídeo de vendas e
> de como *copywriting* é importante para a evolução do
> seu negócio. Mas como conseguir audiência para o seu
> produto digital?

Quem não é visto, não é lembrado.

Mesmo que o seu curso seja realmente fantástico, será impossível vendê-lo caso as pessoas não saibam que você existe. E por isso elenco a seguir as principais formas de atração de "tráfego", que aqui chamamos de tráfego orgânico e tráfego pago.

TIPOS DE TRÁFEGO

▶ Tráfego orgânico

Quando dizemos tráfego orgânico, nos referimos a todo tráfego gerado sem investimentos em marketing, principalmente advindos de serviços de buscadores, como o Google. Ou seja, se uma pessoa realiza algum tipo de pesquisa no Google, nós temos a **obrigação** de aparecer nos resultados de busca, assim somos encontrados mais facilmente. Existe uma ampla estratégia para isso, que vamos falar adiante. O que importa é que esse tipo de tráfego não tem relação imediata e direta com investimento em marketing.

É importante esclarecer que não se trata de apenas tráfego do Google, temos também outros exemplos, como uma fanpage ou o Yahoo respostas. As pessoas lhe encontram por meio de uma publicação. E a copy dessa publicação determinará se as pessoas cumprirão o objetivo proposto.

▶ Blogs

Blogs são as principais fontes de tráfego orgânico. Boa parte das pessoas se incomoda e não utiliza essa estratégia porque ela não possui resultados imediatos. Por exemplo, aqui na empresa, ficamos um ano investindo intensamente no blog desenhosrealistas.com.br para que ele pudesse dar resultado.

Leva tempo e não é nada fácil.

Porém, após um longo ano de investimento na produção de artigos e da estratégia, o blog começou a trazer muitos visitantes para nossas ofertas e passamos a realizar vendas investindo zero em marketing.

Publicar com consistência (ao menos três artigos de qualidade por semana) fará com que seu site comece a receber muitas visitações ao longo dos meses. Clientes com muito potencial, visto que eles fizeram uma busca direta sobre determinado tema e o encontraram.

Com as palavras certas, essa pessoa pode se tornar um possível comprador.

Recomendo fortemente que você crie um blog, pois eles irão lhe garantir certa estabilidade no futuro. E, para criar um blog, você pode procurar serviços de hospedagens na web, como o Hostgator ou o WordPress.org, que têm planos acessíveis para criação de blogs.

Outro fator positivo na criação desse blog é a construção da sua autoridade online. Uma vez que tenha centenas de visitas todos os dias, quiçá milhares, você passará a ser notado com mais credibilidade e reconhecimento, e, para realizar uma venda, este será um processo mais fácil.

Blogs também abrem oportunidade para parcerias e divulgações, empresas que possam procurá-lo para associar a marca deles a você, então você acaba aumentando a gama de "produtos" do seu portfólio.

Ter audiência é a chave da prosperidade para quem almeja trabalhar com internet.

A importância de um blog é tão grande que os principais vendedores de cursos online possuem esse tipo de canal. Ele é essencial para quem deseja trabalhar com consistência pela internet.

Inclusive, no meu blog rodrigovolponi.com.br você pode encontrar uma infinidade de artigos sobre marketing digital, um complemento a este livro!

▶ Fóruns

Em meados dos anos 2000, lembro-me de participar do meu primeiro fórum, era sobre um jogo online. E, desde então, a força desse tipo de canal de conteúdo se mantém. Apesar de que boa parte da audiência online encontra-se em outros canais, os usuários de fóruns possuem um comportamento mais engajado que o comum e você, sendo um membro ativo, quando realizar algum tipo de indicação, terá mais chances de receber cliques.

Os fóruns online são ambientes particularmente engajados em temas, as pessoas costumam fazer encontros e discutir assuntos complexos.

Em razão disso, um usuário com credibilidade pode facilmente gerar várias vendas.

Mais uma vez, é uma estratégia de longo prazo. Não pense que o resultado virá rápido. Caso você simplesmente entre em um fórum para fazer uma ou duas publicações, será desprezado pelos membros.

O ideal mesmo é que você seja um membro real e participativo, e, quando realizar alguma indicação, todos irão respeitá-lo.

▶ Grupos no Facebook

Diferentemente dos fóruns, os grupos do Facebook possuem menor engajamento, por outro lado, uma audiência infinitamente maior.

Não é incomum encontrar grupos no Facebook de 40 mil, 50 mil usuários ou mais. E lá há grande oportunidade para realizar suas vendas.

Mais uma vez, sua participação é fundamental no processo. Você precisa ser uma cara conhecida e interagir com o grupo.

Vamos supor que você pretende divulgar um produto na área da maternidade. Imagine que no Facebook existem centenas de grupos sobre esse assunto, e todas as mães estão aguardando uma ótima proposta de valor?

Esse cenário se repete com muita constância. E você pode aproveitar muito dele.

Procure pelos grupos no FB de forma minuciosa. Fique bastante atento ao engajamento do grupo, pois os melhores grupos são aqueles nos quais há muita interação dos usuários.

Participe ativamente das discussões, para posteriormente divulgar algum curso.

▶ Grupos de WhatsApp/Telegram

Sim, o WhatsApp também pode e deve ser utilizado de maneira comercial! Na verdade, teremos um capítulo especial sobre isso, contando com todos os processos que desenvolvemos para otimizar nossas vendas online utilizando essas redes sociais.

Um dos recursos mais interessantes do WhatsApp é a possibilidade de criar listas de transmissão, ou seja, você pode enviar uma mesma mensagem para um número grande de contatos, desde que eles tenham salvado o seu número no celular.

Outro ponto importante são as comunicações por áudio por meio do aplicativo, aumentando as chances de você realizar uma venda, uma vez que a voz e a entonação podem dar mais força para o seu argumento de venda.

Existem milhares de grupos no WhatsApp e no Telegram sobre diversos assuntos, e mais uma vez fica a dica para você que pretende participar: seja conhecido. Converse com as pessoas para que depois faça uma venda.

Onde encontrar grupos legais?

Basta fazer uma pesquisa no Google a respeito de grupos no WhatsApp ou pesquisar no Facebook. Você sempre vai encontrar grupos.

▶ LinkedIn

O LinkedIn ainda é uma plataforma mal utilizada por produtores e afiliados. Todo mundo a utiliza para fins de empregos e de contratações, mas lá dentro existem discussões de altíssimo nível em que afiliados e produtores têm performado de forma brilhante.

Por ser uma rede social mais séria, usuários costumam ter muito engajamento quando participam de grupos ou publicam artigos dentro do LinkedIn. Ou seja, caso você escreva e faça uma ótima publicação a respeito de um produto online, é quase certo que tenha muitas respostas.

Por outro lado, o campo de comentários do LinkedIn também costuma produzir muito resultado, uma vez que as interações são muito ativas.

Enxergue o LinkedIn como uma máquina de vendas, pois ele pode ser muito generoso com você.

▶ Tráfego pago

Esta é a forma mais utilizada por pessoas que, eu diria, não têm paciência de esperar (hahaha!). É a forma mais rápida e fácil de testar tudo o que você precisa fazer a respeito de uma divulgação de produto digital. Mas o que significa tráfego pago?

Uma vez que o tráfego orgânico envolve a utilização de estratégias de divulgação sem gastar com mídia, o tráfego pago é justamente o contrário.

Aqui você investirá dinheiro em ferramentas de divulgação e levará rapidamente audiência para a sua oferta.

Essa é verdadeiramente uma das formas mais explosivas para vender, porque você consegue mensurar rapidamente se um tipo de divulgação funcionou e efetuar modificações pontuais.

Por vezes, investir apenas R$5,00 lhe dá muitas informações que levariam meses para compreender se estivesse utilizando apenas o tráfego orgânico.

Entretanto, apesar da avaliação rápida, o cuidado é superimportante. Caso você não controle os gastos, infelizmente é provável que abra uma torneira que despeja água de forma desmedida, e aí um estrago pode ser feito.

É importante ter calma e atenção nos detalhes de investimento para que você não se assuste. Com o acompanhamento correto, você vai se dar bem.

E quais são as ferramentas que eu recomendo? Lá vamos nós.

▶ Facebook Ads

Considerada a principal rede social do mundo, o Facebook é uma importante ferramenta para que possamos divulgar nossos produtos.

Começando por apenas R$5,00, você pode impactar milhares de pessoas para que elas conheçam seus produtos e serviços.

A primeira coisa que você deve fazer é criar sua conta de anúncios em business.facebook.com

Associe a sua fanpage a essa conta de anúncios.

A partir disso você deve selecionar os vários tipos de campanhas dentro do Facebook.

Sugiro fortemente que entre no link a seguir para ver o tutorial do Facebook a respeito da criação do seu primeiro anúncio:

https://www.facebook.com/business/help

Lembre-se de pesquisar pelo tema "Criar meu anúncio" e ir para a camada para iniciantes da central de ajuda.

Sugiro que inicialmente você crie uma campanha de geração de tráfego. É o tipo mais simples e vai facilitar para que você não fique parado pensando em quais tipos de anúncio fazer. E também é um tipo de anúncio que tende a funcionar muito bem quando estamos fazendo campanhas.

Após isso, siga os passos do tutorial referido e tudo vai dar certo.

Lembrando que, para criar um anúncio no Facebook, você precisa de uma fanpage, que é basicamente a sua página comercial. Para criar a sua fanpage, você precisa acessar este link:

https://www.facebook.com/pages/creation/

A partir disso, é só seguir o passo a passo do tutorial que estará tudo certo.

Você também pode impulsionar uma publicação que você tenha sem precisar acessar o painel administrativo de anúncios.

Em todo post que você faz na plataforma existe a opção de "Boost Post", para você provavelmente será "Impulsionamento". A partir dali você pode patrocinar seu conteúdo diretamente pela sua fanpage.

Essa é uma forma mais simplificada de se criar os anúncios, e também funciona bem. Lembre-se apenas de se atentar à forma como você comunica o seu conteúdo, pois, como mencionado, o *copywriting* do seu anúncio será o responsável por fazer alguém clicar e cumprir um objetivo.

Em um capítulo posterior, vou mostrar para você alguns exemplos de anúncios que já criamos e tivemos resultados excepcionais. Você vai gostar.

Outra coisa muito importante: pelo Facebook Ads você poderá criar anúncios para a rede social irmã do Facebook, o Instagram.

Quando estiver criando o seu anúncio, você poderá selecionar o posicionamento dele, e, nesse caso, não deixe de marcar o Instagram, ok?

O Insta tem se tornado uma excelente fonte de novos clientes. Todos os dias fazemos vendas pelo Instagram e definitivamente é uma ferramenta que não pode ser ignorada.

Nesta breve introdução, expliquei para você que o Facebook é uma excelente opção para tráfego pago, agora falarei do principal concorrente, o Google Ads.

▶ Google Ads

O primeiro contato que tive com o poder do Google Ads aconteceu em 2010, quando li o livro de um *internet marketer* chamado Tim Ferriss. O seu livro *Trabalhe 4 Horas por Semana* girava em torno de sua própria história, explicando as possibilidades das vendas online e particularmente sobre a principal ferramenta de marketing a época, o Google Adwords. Tim contou em seu livro que por meio das campanhas que construiu pelo Google Adwords, ele pôde viajar pelo mundo enquanto mantinha o seu negócio online.

Eu mesmo já fiz isso algumas vezes, apesar de particularmente preferir trabalhar em local fixo.

Em uma de suas histórias ele conta que aprendeu tango na Argentina, enquanto pensava que há pouco tempo estava trabalhando em uma empresa tradicional. É um livro extremamente interessante, tendo em vista que ele foi um catalizador para que outros profissionais de marketing nascessem e criassem negócios pela internet.

Não fosse Tim Ferris, o marketing digital que conhecemos hoje não seria como é.

Só para você ter uma ideia, em um de seus vídeos, Gary Vaynerchuck, considerado um dos principais autores de marketing digital do mundo, foi questionado a respeito do Google Adwords, se era uma ferramenta realmente eficiente.

Gary disse que um dos maiores arrependimentos que tem até hoje está relacionado ao fato de que ele tinha uma empresa de vinhos na qual chegou a investir US$200,000 dólares ao mês, sendo que deveria ter investido ao menos o dobro disso.

Por medo, ele deixou de investir mais, e isso fez com que ele tivesse aqueles resultados — que já eram surpreendentes.

Esse é o poder do Google Adwords e o que ele pode fazer com o seu negócio.

Vou explicar a principal diferença entre ele e o Facebook Ads.

Enquanto o Facebook Ads trabalha com a percepção relacionada a possíveis interesses, ou seja, você cria uma segmentação baseada em idade, sexo, alguns dados demográficos e de interesses como filmes, esportes e hobbies, o Google Adwords entrega um anúncio baseado em uma pesquisa direta.

Tente fazer uma pesquisa no Google utilizando o termo "marketing digital". Veja que os primeiros resultados da pesquisa estão relacionados a anúncios patrocinados oriundos do Google Ads.

Dessa forma, conseguimos exibir um anúncio que seja diretamente ligado ao tipo de pesquisa que uma pessoa está fazendo. Os anúncios podem corresponder às dores diretas de um potencial cliente, isso não é incrível?

Você pode criar a sua conta no Google Ads aqui:

https://ads.google.com/

Sugiro fortemente que comece a criar suas campanhas por correspondências de palavras-chave. Esse tipo de campanha funcionará apenas se as pessoas buscarem por aqueles termos de palavra-chave que você colocou em seu anúncio.

Vamos ao seguinte cenário. No print ao lado, você viu que eu fiz uma pesquisa sobre curso de marketing digital, mas existem várias outras palavras diferentes, como:

- *Cursos de marketing digital.*
- *Qual o melhor curso de marketing digital.*
- *Quero comprar um curso de marketing digital.*
- *Formação em marketing digital.*
- *Trabalhar com marketing digital.*

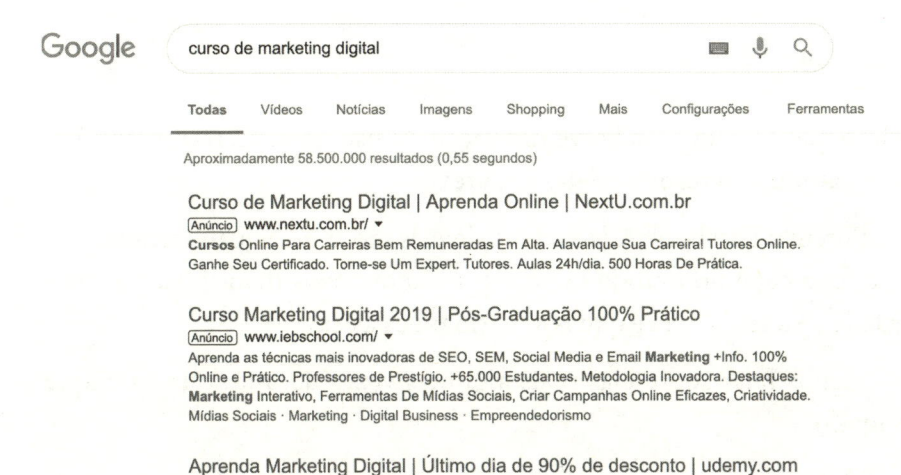

Fonte: Webmentoring (2021).

Outra ferramenta que pode ajudá-lo a encontrar as melhores palavras-chaves é o Google Keyword Tools.

Com o uso dessa ferramenta você terá uma estimativa do volume de pesquisa que é realizado com aquela palavra-chave. Assim você terá certeza de que as palavras-chave possuem um alto número de consultas.

Lembre-se, quando criar a sua primeira campanha, selecione a opção rede de pesquisa.

Há também a central de ajuda do Google Ads, que você pode visitar aqui:

https://support.google.com/google-ads/

E também, quando estiver criando sua primeira campanha, pode contar com a ajuda do suporte telefônico do time do Google!

▶ Concluindo

É claro que esta foi uma breve descrição do uso dessas ferramentas. Vamos falar muito a respeito delas em breve.

Porém o Facebook Ads e o Google Ads são as principais ferramentas de tráfego pago do mundo já há alguns anos (mais de dez, para falar a verdade), e a tendência é que isso permaneça assim.

Vamos falar sobre elas mais algumas vezes durante o livro. Fique tranquilo.

Mas, agora, eu queria contar da minha "fase final" na Hotmart. Como saí de lá, o "presente" que deixei para todos os funcionários (e que agora vou deixar para você) e como finalmente eu fundei a minha empresa, a Web Mentoring.

A MINHA "FASE FINAL" NA HOTMART E O "PRESENTE" QUE DEIXEI PARA TODOS...

A Hotmart, em 2014, havia acabado de receber mais um novo investimento, desta vez de Kees Koolen, um dos fundadores da Booking.com., e JP me disse que seu Pitch de vendas (organizado por um contato do grupo Buscapé) ao Kees foi pelo telefone.

JP explicou como funcionava a Hotmart e imediatamente o Kees ficou superinteressado e marcou uma reunião em São Paulo.

Nessa reunião, Kees já assinou o contrato que investiu na Hotmart. Ele é uma pessoa bastante prática e não tem conversa fiada. É bom trabalhar com gente que pensa assim, não?

Lá, indiretamente, eu tive um *insight* poderosíssimo, e que inclusive é uma das filosofias da Hotmart.

Kees perguntou ao JP e ao Mateus em quanto tempo eles pretendiam expandir para fora do Brasil. Ambos disseram que era em três anos. E assim foi a resposta do Kees:

> "Muito ruim. Muito lento. Tem que ser mais rápido. *Speed, Speed, Speed*!"

A partir daquele momento, a Hotmart começou a contratar os melhores e mais importantes profissionais de TI de Belo Horizonte, e até mesmo de outros Estados, para agir com o novo ritmo que a empresa tomava.

Nesse sentido eu também cresci junto. Você se lembra de que minha primeira tarefa era avaliar produtos? Pois eu me tornei gerente na empresa. Como isso aconteceu? Bora lá.

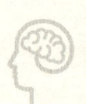 ## MANUAL DE INTRAEMPREENDEDORISMO

Enquanto profissional de atendimento da Hotmart, eu lidava com grandes contas da empresa, fazendo suporte e ajudando como era possível. Meus índices de satisfação e elogios eram os melhores, todos os clientes gostavam muito de mim. Porém, percebi alguns pontos de melhorias extremamente necessários no atendimento da Hotmart.

Chamei o Mateus e os apresentei.

A partir daquele momento, o e-mail de suporte da Hotmart passava a ser personalizado. Agora os atendentes tinham nomes reais e as fotos desses e-mails tinham avatares, ou seja, a foto da pessoa.

Isso por si só fez com que nossos índices melhorassem radicalmente.

Ao mesmo tempo, marquei de forma independente uma reunião com toda a turma de atendimento da empresa, algo por volta de oito pessoas, e mostrei para elas como era feito o processo de acolhimento do ponto de vista da psicologia. Naquele caso, contei a história de Carl Rogers e da Terapia Centrada na Pessoa, com a qual me identificava muito, e trouxe alguns casos reais para discussão em grupo.

Todos gostaram muito do conteúdo, até que alguém abriu a porta da sala de reuniões para fazer uma chamada por Skype. Era o JP. Ele viu que eu estava me apresentando para os outros colaboradores.

Isso despertou a atenção dele.

Este é o primeiro exemplo que você pode levar para você caso queira crescer dentro de uma empresa (ou até mesmo fora dela). Agir como um líder. Organizar pessoas, um time, e fazer acontecer.

As empresas precisam de líderes. Precisam de pessoas que ajudem os sócios a liderarem melhor com os desafios diários. Não fosse essa atitude, certamente estaria mais longe de um aumento e de uma promoção.

Uma semana depois, ambos me chamaram para uma reunião a fim de dizer que eu estava em processo de treinamento para me tornar gerente de suporte ao cliente da Hotmart. Fiquei bastante animado, porque de maneira ingênua eu não esperava aquilo. E dei o meu melhor.

Dois meses depois, isso foi consolidado e eu fui formalmente apresentado como Gerente para o time.

Tive muitos desafios. Principalmente ligados à aceitação das pessoas que agora respondiam diretamente a mim. Antes, elas eram iguais. Precisei de muito apoio e gestão do Mateus e do JP, e acredito que foi efetivo. Porém, não foi fácil. O fardo da liderança é para poucos. É por isso que muitas empresas quebram e poucos gerentes de empresas aguentam a pressão.

Seu time tem que cumprir metas da empresa, você responde diretamente aos sócios e, ao mesmo tempo, deve ter o respeito e a credibilidade com quem está "abaixo de você". O reconhecimento vem, mas o trabalho é árduo.

Durante um ano e meio me dediquei exclusivamente ao desenvolvimento da área de suporte ao cliente e cheguei a ter mais de vinte colaboradores. Porém, eu já havia me cansado da rotina e não estava me sentindo desafiado...

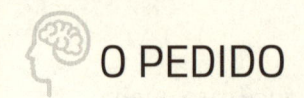

O PEDIDO

Então, me reuni com o JP e o Mateus para discutir a criação de uma nova área, chamada Sucesso do Cliente. O que eu havia pensado para essa área era um apoio direto aos grandes produtores da Hotmart, onde um pequeno ajuste poderia resultar em mais 100 mil em vendas, e criar um programa que pudesse ajudar potenciais usuários a se tornarem "black", que é basicamente um título na Hotmart quando um usuário saca mais de 1 milhão em comissões na plataforma.

Naquele momento fui completamente rechaçado pelo Mateus e pelo JP, que estavam certos ao dizer que eu ainda não tinha experiência para ajudar os usuários da plataforma como eu queria. Como eles sabiam disso? Porque eu não tinha feito nem 100 mil em vendas como afiliado e produtor. Como eu poderia ajudar os outros?

Não fiquei frustrado pela decisão de ambos por um único motivo. Naquela época, havia outro funcionário da Hotmart, amigo de longa data do JP e do Mateus, chamado Bernardo Porto. Nós havíamos nos aproximado bastante e um dia que saímos para jantar com as esposas ele me indagou:

> "Rodrigo, você tem tanto conhecimento. Por que você ainda não está ganhando dinheiro?"

Fui pego de surpresa por essa pergunta, fiquei sem reação e somente olhava para ele. Que completou:

> "Você me deu uma sugestão de copy que me fez vender mais do meu produto. Por que você não está usando isso a seu favor? Acho que você está na zona de conforto com seu salário e seus R$2 mil, R$3 mil que ganha adicionalmente como produtor e afiliado. Pelo amor de Deus cara, não seja um conformado."

Eu concordei absolutamente com tudo que ele disse.

Na reunião com o JP e o Mateus, eu disse:

> "Se eu fizer um lançamento de sucesso, vocês me permitem criar essa área?"
>
> "Podemos conversar de novo em seguida."

E assim eu me senti compelido a fazer o primeiro lançamento, que foi um curso de Manutenção de Notebooks.

Nesse primeiro lançamento (sobre o qual vamos falar em breve), vendi cerca de R$50 mil. Utilizei esses resultados para mostrar a eles e imediatamente concordaram em me mudar de área e me tornar Gerente de Sucesso do Cliente.

Porém, eu já estava ganhando muito com as minhas atividades paralelas. Como afiliado e produtor, mês a mês, vendia muito mais de R$10 mil e rapidamente acumulei um bom colchão financeiro.

Um dos últimos trabalhos que fiz na Hotmart foi ajudar a vender os ingressos para o seu evento presencial, o FIRE. Estávamos a pouco menos de um mês para o evento e apenas 20% dos ingressos haviam sido vendidos.

Observei várias falhas durante o processo de vendas: a página de vendas não estava clara, não tinha um público certo e a copy estava fraquíssima.

Pedi ao time de Design para criar outra página e sugeri ao JP gravar um "vídeo de vendas" do evento, convidando os principais palestrantes a também gravarem um vídeo chamando a audiência deles para participar.

Junto com outras ações que fiz com afiliados, vendemos todos os ingressos dez dias antes de o evento acontecer.

Quando assumi a parte da venda, eu disse em uma reunião com todo o time de marketing:

> "Pessoal, vamos ter que colocar telões nos salões do hotel porque não teremos cadeiras para todos no palco principal."

Duvidaram de mim.

Mas, no final, o que aconteceu foi aquilo, vendemos um pouco acima da capacidade e tivemos que conseguir os telões. Tive muito orgulho em poder dar essa ajuda com o evento, e hoje sem dúvida é o principal evento sobre lançamentos de cursos online e marketing do Brasil.

O PRESENTE

No FIRE, a Luciana, minha sócia e esposa, conheceu o Charles Laveso, um professor de Desenhos Realistas com uma audiência de mais de 180 mil pessoas e assumiu o compromisso de lançá-lo para o mercado.

Porém, a Lu não sabia fazer nada de lançamento. Teria que buscar apoio de outra pessoa.

Então ela conversou comigo, e me propôs que eu saísse da Hotmart para abrirmos nosso próprio negócio.

Foi uma decisão muito difícil, porque eu tinha acabado de receber uma proposta de *stock options* do JP e do Mateus, ou seja, caso ficasse até 2018 na Hotmart, eu receberia uma pequena parte da empresa em ações.

Mas o novo desafio de ter um negócio, sendo que eu estava preparado para aquilo, tanto intelectual quanto financeiramente, foi irresistível.

Então, no fim de agosto de 2015 eu conversei com eles sobre a minha saída. Nesta reunião, uma frase me marcou bastante:

"Rodrigo, eu sempre soube que um dia você iria sair... Mas não pensava que fosse tão rápido. Boa sorte, velho! Tamo junto para o que você precisar..."

Foram as palavras do JP, meu mentor. O Mateus também, meu outro mentor, me apoiou bastante. É tão bom quando saímos de algum lugar de um jeito legal, sem que ninguém esteja chateado. Isso mostra que a relação foi muito positiva para todos os envolvidos.

Nesta mesma reunião, eu disse para ambos:

"Caras, antes de sair eu quero escrever um texto para todos da empresa dizendo o que aconteceu comigo e como eu me tornei gerente aqui. Quem escutar com o coração vai crescer igual eu cresci."

Eles ficaram bastante felizes com a minha iniciativa. E, no dia em que eu saí, enviei esse presente para todos os funcionários da empresa.

E agora esse meu presente também é para você.

Segue a versão original, sem nenhuma mudança no texto.

Eu acredito que é uma obra-prima sobre intraempreendedorismo e crescimento profissional. É por agir dessa forma que eu cresci bastante e continuo crescendo. Leia as palavras com muita atenção, podem realmente mudar a sua vida.

Vamos lá!

"Encare esta leitura como um verdadeiro manual.

Este é o Manual ou o conjunto de passos que eu segui dentro da Hotmart para ser o gerente de sucesso do cliente, onde fui responsável por planejar e executar a estratégia de vendas do maior evento de marketing digital do Brasil, o FIRE, sendo um sucesso (encerramos as vagas três semanas antes da realização do evento). Além disso, pude ajudar diretamente lançamentos grandiosos de produtos digitais e otimizar seu processo de vendas.

Essas foram as minhas maiores conquistas e são fonte de muito orgulho profissional. Mas eu não comecei nesta empresa sendo o gerente de sucesso do cliente. Eu não comecei aqui trazendo resultados financeiramente relevantes para o negócio. Eu comecei como qualquer pessoa comum, nas camadas mais baixas da pirâmide, e puder ter a oportunidade de evoluir o meu eu profissional e o pessoal dentro da empresa.

É por isso que eu acredito que qualquer pessoa pode superar suas condições atuais e ir além de si mesmo, porque eu sou a prova viva de que **acreditar que você pode ir mais longe** sempre dá certo. Se você está lendo isso, acredite: **você também pode fazer do seu trabalho algo poderoso e relevante para a empresa e para você mesmo**.

Este conjunto de passos que eu segui não trouxe resultado apenas para a empresa, mas para mim mesmo! Eu pude aprender demais sobre esta nova arte de empreender que é o marketing digital. **Sou apaixonado pelo tema** e se tem uma coisa certa que eu acredito nesta vida é que eu amo fazer o que faço. Eu não só me aprimorei, mas aprimorei as pessoas à minha volta. Colegas de trabalho, familiares, mentores. Foi uma experiência fantástica de troca em que todos os envolvidos saíram ganhando uma bagagem positiva.

É por isso que você está lendo este texto, porque este é o meu OBRIGADO à Hotmart: por tudo o que aprendi e pelo que sou hoje. E saber que este texto pode ajudar você, em algum nível, a alcançar resultados semelhantes ou até melhores me deixaria extremamente satisfeito e feliz.

Para falar dos passos que eu segui, acho importante contextualizar sobre como eu cheguei até a empresa. É sem dúvida uma história interessante, você vai gostar.

Em meados de 2011, eu tive a oportunidade de participar como ajudante da organização do primeiro evento de marketing digital do brasil, o **TEMTalks**. Para você ter ideia, mal conseguimos colocar quarenta pessoas naquele local, mas conseguimos fazê-lo, com muito esforço. Naquela época, três dos palestrantes eram meus amigos e foi assim que me interessei em ajudar na organização do evento. Apenas enviei um e-mail: 'Ei, caras, posso ajudar vocês a organizar o TEMTalks?'

Prontamente recebi um sim e comecei a fazer parte da organização.

Nas cópias dos e-mails, estava lá o **João Pedro, CEO da Hotmart**, que também seria um dos palestrantes. A partir dali começamos a trocar nossas primeiras ideias. Já nos dias do evento, em um determinado momento o JP me chamou no canto e disse: 'Cara, muito obrigado por nos ajudar. Você fez a diferença para a gente...' Eu apenas agradeci de volta e disse que o privilégio era meu, por estar fazendo parte daquilo.

Algum tempo se passou e eu **comecei a ser um usuário da Hotmart**. Eu já vendia alguns produtos da Hotmart no meu blog e fazia algumas conexões com produtores digitais. Porém, a vida corporativa me chamava e eu acabei indo trabalhar em uma fábrica de automóveis. Fiquei alguns meses lá e apesar de todo o 'status' de se trabalhar naquele lugar — incrível como as pessoas realmente valorizam isso — **eu não era feliz**.

Não estava fazendo o que eu amava, sempre tendo trabalhos muito operacionais, nos quais não havia nenhuma necessidade de ter criatividade. Este foi um dos erros que cometi: **trabalhar em algo que não tinha**

nada a ver com meu perfil. É importante se conhecer para não cometer esse tipo de erro...

Cheguei a um determinado ponto que não suportava mais aquele lugar e acabei enviando um e-mail para o JP, dizendo as palavras a seguir:

Figura 9: E-mail

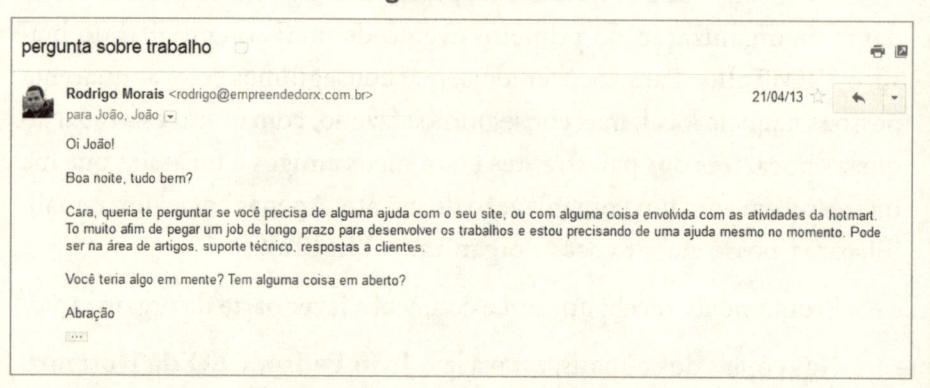

Fonte: Correspondência pessoal do autor (2013).

Acho interessante ler este e-mail e ver o meu desespero em sair daquele lugar... **Eu realmente precisava de ajuda para ser mais feliz.** O JP respondeu:

> 'Fala, Rodrigo, tudo bem?
>
> De repente a gente podia tomar um café e ver se tem algo em que a gente possa te ajudar agora. Você pode vir no Pátio Savassi (shopping) hoje às 16h30?
>
> Abs.'

Fomos nos encontrar no mesmo dia. Eu estava nervoso. Precisava daquela mudança de vida e acho que devo ter deixado isso transparecer. Estava tão nervoso que, na parte da negociação salarial, fiz uma proposta abaixo do que eu já ganhava, só por garantir aquela vaga. E o resultado?

'Rodrigo, seja bem-vindo!

Agora prepare-se, porque há muito trabalho pela frente :)

Fiquei feliz de ter conseguido adiantar a vaga para você, espero que sua história com a gente seja longa e que todo mundo possa crescer junto.

Segue o endereço da empresa: ...

Abraço,

JP'

Veja aí, três dias depois eu fui convocado! Em nenhum momento o JP quis saber qual era o meu CV, qual era a minha formação. Ele só queria saber se eu estava apto para assumir vaga. Se eu tinha conhecimento daquilo que ele estava propondo. Com certeza a forma como me voluntariei para o evento permitiu que o JP tivesse uma boa impressão de mim e abriu a oportunidade de trabalhar na Hotmart.

A partir daí eu comecei a trabalhar na Hotmart com a revisão de produtos da plataforma e gerenciamento do blog. E fui galgando meus passos dentro da empresa.

E como eu fui crescendo na empresa? Por causa do conjunto de passos que segui e vou mostrar para você agora:

▶ Encare o seu trabalho como uma incubadora

Imagine que você tenha muita vontade de aprender violão. Você finalmente consegue uma grana para financiar os estudos e vai para a aula de violão louco para aprender aquilo!

Foi exatamente isso que aconteceu comigo na Hotmart!

Eu sempre entendi que todas as minhas atividades eram um verdadeiro **poço de aprendizado sem fim**. Eu queria aprender simplesmente TUDO, toda a operação, tudo o que realmente acontecia na empresa. Desde os clientes, a programação, as negociações, enfim, tudo.

E o melhor, **eu sentia que estava sendo pago para aprender**. E isso me deixou realmente feliz durante boa parte do meu tempo dentro da empresa. **Eu realmente sempre acreditei que estava sendo pago para aprender sobre marketing digital**. Tentava aprender em detalhes o processo de cada coisa que eu fazia. Por exemplo, quando um produto novo chegava à plataforma, eu queria entender:

- Quem era o produtor?
- O que ele fazia?
- A página de vendas está boa?
- Quem compra aquilo?
- Quais ferramentas ele utiliza e por quê?
- O produto vende bem e por quê?

Tudo isso passava pela minha cabeça. Eu queria aprender ao máximo para aplicar na minha vida a mesma coisa. Eu ficava pensando: como alguém está ganhando R$50 mil por mês? O que ele faz? Eu quero aprender também!

E basicamente tudo o que eu fazia, tentava aprender em detalhes, cada um dos processos.

Enxergue o seu trabalho na Hotmart como uma verdadeira oportunidade de APRENDER sobre o mercado de marketing digital. Esse novo mercado tem transformado a vida de mais e mais pessoas dia após dia. Essa também é a sua chance de mudar de vida...

▶ Sangue no olho

Eu não cheguei ao posto de gerente de sucesso de cliente da Hotmart fazendo só o que me foi atribuído. O que a gente chama de 'feijão com arroz'. Eu evoluí na empresa porque sempre acreditei que poderia fazer mais...

Em um evento da empresa, o Mateus Bicalho disse: 'Vejam o Rodrigo, ele cresceu porque sempre dizia para a gente: o que mais eu posso fazer?' **Era essa a pergunta que eu sempre fazia**.

Eu terminava o meu trabalho, e dizia: 'Caras, tem mais alguma coisa disponível?'

Foi por isso que, na época que a Hotmart era menor, eu acabei sendo responsável por encontrar a nova sala para mudança, por contratar o plano de saúde, o vale alimentação e vários outros trabalhos administrativos. E isso foi uma fórmula poderosa que acabou tendo reconhecimento de uma maneira bem positiva pelo JP e pelo Mateus.

Leia isto com bastante atenção:

> Se você entregar mais resultados e superar as expectativas, **você vai muito longe nesta empresa**. A Hotmart, sem dúvida, é uma empresa que reconhece talentos e quer vê-los crescer. Então, seja um verdadeiro talento aqui dentro.
>
> **Um P.S. só para os fortes**: esteja disposto a trabalhar e atender clientes em qualquer hora do dia, até nos finais de semana, com muita boa vontade. Além dos próprios clientes gostarem de você por fazer isso, a própria empresa enxerga isso com muito valor.

▶ Ser empreendedor

Não estou dizendo para você criar o seu próprio negócio e sair da Hotmart. O que quero dizer é que você precisa ter um comportamento empreendedor dentro de uma empresa. No mercado isso se chama intraempreendedorismo. E quais são os comportamentos?

1. Assumir responsabilidade

Quando você pegar um projeto, assuma a responsabilidade e entregue. Não tente delegar, pedir ajuda e atrapalhar o trabalho dos outros. **Entregue todos os seus projetos**. E, para o bem ou para o mal, assuma qualquer consequência daquilo. Responsabilidade é fundamental em tudo o que você faz.

2. Seja criativo

Se você está fazendo um trabalho, tente olhar ele como algo que **precisa ser aprimorado**. Tudo o que você faz, qualquer atividade que você faça, olhe para aquilo com um tom criativo, que pode ser reinventado e aprimorado. Principalmente quando se lida com ferramentas online, com *backoffice* e tudo mais. É importante a visão do aprimoramento da ferramenta. Caso comece ter essa prática, você será notado por isso.

3. Seja generoso

Esteja disposto a ajudar as pessoas. Queira contribuir com o trabalho delas, incentive a concretização da conquista de resultados, estimule as pessoas. Isso é algo bem legal e que acaba inspirando quem está à sua volta.

E também aflora algo muito bacana, que é o espírito de liderança, outra característica bem legal para evolução em um ambiente empresarial.

Esses comportamentos vão ajudá-lo a galgar os passos na Hotmart ou em qualquer lugar.

4. Seja um usuário da Hotmart

Isso realmente fez toda a diferença no meu trabalho.

Antes de entrar na Hotmart, **eu já era um usuário da Hotmart**. Então a minha visão sobre a plataforma em si sempre foi baseada na experiência do usuário.

Tudo o que eu via dentro da plataforma, eu via como algo realmente IMPORTANTE para os usuários. Cada frase, cada funcionalidade, tudo mesmo. Não era algo fútil, era algo importante.

Quando um usuário entrava em contato comigo para falar sobre alguma dificuldade na configuração do funil, eu conseguia entender aquela dor, porque eu também usava o funil.

Quando alguém dizia que seu link de afiliado não funcionava, eu conseguia entender aquela dor, porque eu também era afiliado.

Quando um afiliado entrava em contato comigo e reclamava sobre a perda de alguma comissão, eu entendia aquela dor, porque eu já perdi comissão algumas vezes (claro, por alguns poucos motivos).

Essa visão de usuário foi fundamental para as minhas sugestões de aprimoramento da plataforma e por me conectar de maneira positiva com os usuários da Hotmart.

Acredito que isso tenha sido o fator preponderante para que boa parte dos usuários gostassem do meu atendimento, porque eu realmente conversava a língua deles.

Sem contar que ser um usuário da Hotmart permite que você ganhe uma renda extra bem bacana, que tal?

Você só será realmente bom no uso da plataforma se faturar pelo menos R$10 mil como afiliado/produtor. Tenha isso como uma meta inicial, ganhar os primeiros R$10 mil na Hotmart.

Esse número pode parecer distante para você, mas, acredite em mim, **não é**.

Dia 09/01/2014 eu alcancei os 10 mil reais em comissões. Então se eu consegui você consegue também.

E, para conseguir, você realmente **deve ser um usuário da Hotmart**!

▶ Ser resiliente

Essa é uma característica muito importante em mim. Eu sempre fui muito insistente. Então, se eu estava realizando um trabalho que ainda não havia muito resultado, eu insistia naquilo. Tive algumas ideias interessantes, eu insistia nelas. Em alguns casos eu recebi um não, em outros um sim. Eu tive que ser resiliente em várias questões: no relacionamento pessoal, no trabalho, com clientes... Tem que ter paciência, tem que aguentar até onde der. Confie em você, confie que você vai gerar resultados, que uma hora você consegue!

▶ Não ter medo do desafio

Quando segue as etapas anteriores, você acaba sendo constantemente desafiado para entrega de mais e mais resultados. Por exemplo, a sua meta passa a ser vista como algo extremamente importante para os gestores. Esse é o desafio básico que você deve se esforçar para tirar de letra.

A propósito, a meta de bonificação é sem dúvida o ponto de partida para mostrar que você tem o diferencial e merece novas oportunidades. **Garanta essa meta todos os meses**. Acho que nunca passei um único mês sem bater a meta.

Então o tempo todo você pode ser desafiado em várias situações:

1. **Um cliente tem um problema que não é simples de resolver**. O que você faz? Passa a bola para a frente ou resolve?

   Se você demorar muito, o cliente pode ficar ainda mais frustrado com a situação, pela demora. Se você passa a bola, deixa de ter a responsabilidade porque o problema chegou até você e você tem que resolvê-lo. E aí?

   Tem que topar o desafio, ir de cara e enfrentar suas limitações. Se você não sabe conduzir o problema, pergunte aos colegas mais experientes, resolva o problema do cliente! Essa é a prioridade máxima!

2. **O seu chefe pede para você fazer algo fora do script**, um projeto diferente que até então você não tinha.

   O que você faz? Aceita, ou não? Mostra-se bem-disposto a pegar estes desafios?

   Quando me tornei gerente de atendimento, **foi um grande desafio**. Nós precisávamos estruturar o processo de atendimento e uma coisa muito importante era **metrificar os números de atendimento**.

   Não foi fácil, **a responsabilidade era toda minha**. Eu precisava conduzir a equipe, direcioná-la por um caminho e exigir que ela passasse a adotar um comportamento diferente do anterior. Enquanto isso, precisava quase que semanalmente apresentar os resultados daquele trabalho. Os primeiros meses foram realmente desafiadores, mas em nenhum momento eu baixei a cabeça, eu queria mais e mais desafios. E me desafiava constantemente a melhorar aqueles processos!

▶ Superar a si mesmo

Uma frase que eu curto demais é: 'Seja 1% melhor a cada dia.' Então, sempre tento olhar para mim e penso se eu estou melhor do que alguns dias atrás. Se eu aprendi algo novo, se o que eu estou fazendo é o certo, é o melhor caminho.

Eu odeio estagnação.

Detesto, do fundo da minha alma! Não aguento a hipótese de saber que ficarei por muito tempo fazendo a mesma coisa, todos os dias, do mesmo jeito! É por isso que sempre insiro coisas novas, desafios novos, para não ficar estagnado.

A estagnação, ou seja, pensar que você tem que fazer só aquilo mesmo, **lhe mantém no mesmo lugar**. Lembre-se: **inércia gera inércia**. Acho que essa característica (superar a si mesmo) é comum a quem tem um espírito um pouco mais empreendedor, mas acho que qualquer pessoa deve superar a si mesma nas suas limitações ou nas práticas diárias.

É aqui que entra também o *over delivery*, entregar resultados acima das suas próprias expectativas. Quando eu entrei para participar da construção do processo de vendas do FIRE, eu visualizei mentalmente que nós faríamos o *overbooking*. Ou seja, venderíamos um pouco acima da conta. Primeiramente, imagino que tenha sido difícil para as pessoas pensarem aquilo, visto que as vendas estavam mornas.

Talvez algumas delas tenham pensado que isso foi um grande chute e que não seria possível.

Em todo caso, **eu acreditei primeiro que isso era possível**. Eu realmente pensei que a sala do evento estaria lotada, sem lugar para ninguém sentar e que teríamos que colocar um telão fora do espaço das palestras para atender quem ficaria de fora. **E foi isso que aconteceu**. A crença inicial de que algo é possível é fundamental para alcançar um resultado.

E daí eu acabei superando minhas próprias expectativas: **nós vendemos todos os ingressos do evento quase três semanas antes do evento acontecer**! Isso eu realmente não pensei inicialmente, mas acabou que o esforço dedicado para a venda **de toda a equipe** capacitou esse acontecimento.

É por isso que a cada dia eu procuro desafiar meus próprios limites, minhas crenças limitantes, sempre que isso é possível.

Nem sempre você consegue enxergar os defeitos de si mesmo, ou suas limitações, de maneira cristalina, mas, quando puder fazê-lo, acredite e realize a mudança. Acredite em superar a si mesmo e ser 1% melhor a cada dia.

▶ Saiba se relacionar

No meu entendimento, para crescer em qualquer aspecto humano (profissional e pessoal) é importante saber se relacionar. Mesmo que você seja tímido, você tem que encontrar uma solução para saber interagir bem com as pessoas.

Se você se acha tímido ou tem dificuldades em relacionamento, sugiro que faça uma leitura da terapia centrada na pessoa do psicólogo Carl

Rogers. A base de sua teoria faz parte da análise comportamental das pessoas bem-sucedidas e que têm elevado prestígio social normalmente por outros. Seguem os pontos:

1. Consideração positiva incondicional

Aceitar o seu semelhante como ele é. Com seus defeitos, com suas qualidades. Quando você está com alguém, evitar julgamentos, entender as suas dificuldades, saber de verdade que ele não é melhor ou pior do que você, mas sim um outro ser humano que está aqui nesta vida para aprender e ensinar.

2. Empatia

Mais do que entender a pessoa que está ao seu lado, é a capacidade de se colocar no lugar dela. Seja um cliente ou um colega de trabalho. Ouvir e se colocar no lugar de outra pessoa genuinamente cria um estado de conexão entre duas pessoas... A empatia acontece quando alguém lhe conta uma história e você consegue sentir as emoções que o contador está relatando de algo que ele já viveu ou fez. Isso cria um vínculo muito forte com o outro.

3. Congruência

Aqui entra aquela coisa de 'não fazer as coisas só pra agradar'. Seja congruente, verdadeiro. Se alguém lhe disse algo que não gostou, diga de que não gostou, mas de maneira respeitosa, sem ofender. Se alguém lhe disse algo que você gostou? Devolva o elogio, diga que se sente bem com aquilo. Não se acanhe em dizer o que pensa, desde que aja com respeito.

Esses são os três pontos que garantem um bom relacionamento com qualquer pessoa no planeta. Aonde você for, com quem você viver, se o seu comportamento for direcionado ao propósito da construção, você terá muitos amigos.

Relacionar-se bem garante para você inúmeras possibilidades na vida.

▶ Ser produtivo

Este é o maior desafio em qualquer ambiente profissional. A produtividade. E, para ser sincero, muitas vezes eu peco com isso, mas sempre que estou consciente procuro mudar o jogo. A produtividade é um aspecto HIPERVALORIZADO aqui ou em qualquer lugar. Seguem algumas dicas do que eu faço:

1. Se eu tenho muito trabalho, tento focar a resolução deles o mais rápido possível. Mesmo que eu não consiga resolver tudo de imediato (por exemplo, no mesmo dia), eu dou um gás total para resolver aquilo. Não fico rateando a solução de um problema enquanto me distraio. Eu tento terminar aquilo de uma vez.

   É por isso que eu sempre tive **INBOX 0** no meu e-mail, sempre tentei terminar todos os dias com o inbox 0, não importava se eu recebia 5 e-mails no dia, 10 ou 50. Eu tentava dar vazão ao máximo de atividades, para elas não se acumularem. Acredite, isso é realmente possível, zerar o e-mail. Eu fiz, então qualquer pessoa pode fazer.

2. Terminei o trampo, tô livre no meio da tarde, e agora? **Pega mais coisas para fazer!** Você tá lá feliz da vida

porque terminou suas tarefas e tá no Facebook curtindo com seus amigos... E aí? E o resto do dia? Tem mais coisa...

Pegue mais atividades, pergunte ao seu gestor o que há para fazer, sempre tem alguma coisa para fazer. Esteja disposto a ajudar outras áreas, outras pessoas, mesmo que esteja zerado de atividades (e olha que isso é impossível). É claro que você pode navegar no Facebook, cuidar de projetos pessoais, mas sempre tem coisa para fazer. E quanto mais você absorver atividades, mais você será visto com valor na equipe. Você será referência.

▶ Entregar resultados

Este é o ponto mais importante. Sempre entregue resultados, estipule prazos e entregue os projetos pelos quais é responsável.

Não espere que seu gestor o fique cobrando, se esforce ao máximo para entregar mais e mais projetos. Cumpra suas metas no prazo, faça tudo no prazo, ou entregue antes do prazo. Se você entregar resultados constantemente, uma, duas, três, várias vezes seguidas, você irá brilhar, pode ter certeza!

Este foi o caminho que percorri dentro da Hotmart para chegar ao cargo de gerente de sucesso do cliente. E eu realmente acredito que qualquer pessoa tem potencial para crescer, assim como aconteceu comigo!

Esta é a sua chance, agarre-a!
Abraços,
Rodrigo"

Esse foi o presente que deixei para os colaboradores da Hotmart em 2015.

Espero que de alguma forma lhe ajude em seu desenvolvimento!

A partir de agora, o jogo esquenta. Vamos falar a respeito dos vários tipos de lançamento a serem realizados como produtor de cursos online, ou um estrategista digital. Em seguida, vamos abordar os dois lançamentos que mencionei sobre o Curso de Manutenção de Notebooks e o curso do Charles Laveso. Mas, antes, é importante você entender a dinâmica de como se lança um curso online.

OS TIPOS DE LANÇAMENTO

Toda vez que realizamos vendas consistentes de cursos online, sempre há uma estratégia central por trás desse lançamento. Essa estratégia dará o direcionamento de como o processo de vendas deve acontecer. Por isso, é importante seguir à risca os conceitos e a definição desse lançamento, para que evite possíveis erros.

Lembre-se sempre: os métodos de lançamento foram amplamente testados centenas ou quiçá milhares de vezes. Qualquer tentativa de alteração pode resultar em uma catástrofe. Só faça alterações quando se sentir seguro ou fizer o lançamento tradicional por inúmeras vezes. Assim, você terá maior consciência do que está fazendo e maior controle das consequências.

Vamos lá!

Qual é o meio mais convencional de vendas de cursos online?

Enviar tráfego diretamente para uma página de vendas. Isso dá certo, não duvide, mas nem sempre é o caminho ideal.

Figura 10: Google

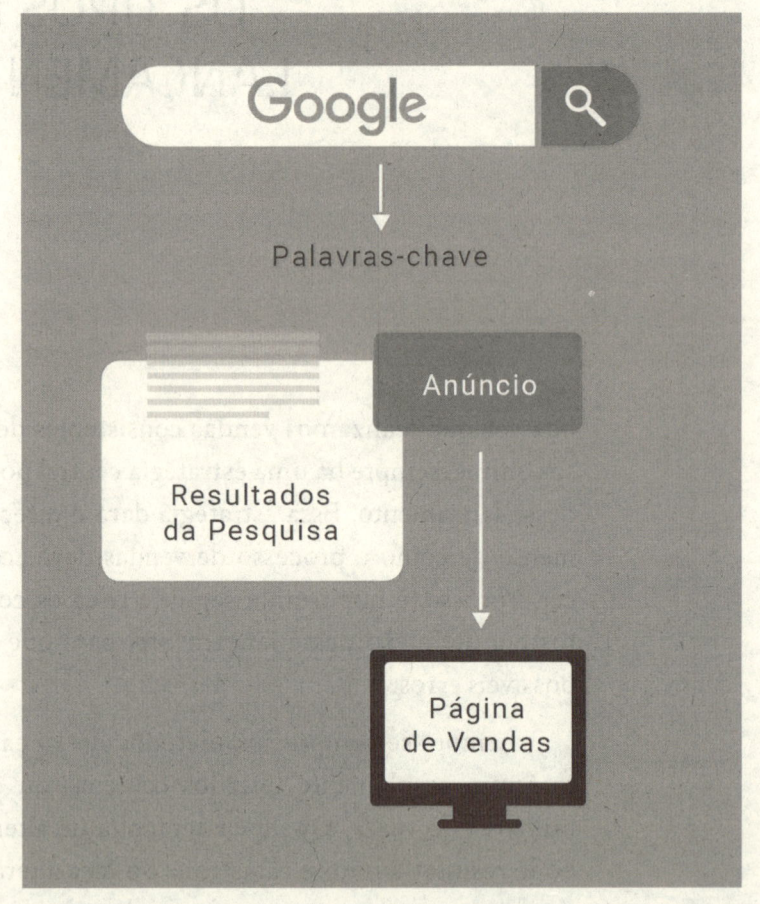

Fonte: Webmentoring (2021).

Na Figura 10 você pode observar que estamos enviando tráfego diretamente para a página de vendas. Alguns dos produtores com mais resultados que eu conheço, como o Caio Ferreira, utilizam estratégias semelhantes.

Essa estratégia tende a funcionar de maneira mais eficiente caso o produto faça parte dos três grandes nichos para vendas de cursos online: Ganhar Dinheiro, Relacionamento e Saúde. Para qualquer outro subnicho tende a ser necessária a construção de um funil de vendas.

Essa estratégia também tem em sua base as vendas diretas realizadas a dezenas de anos atrás, e, se no passado elas encontraram sucesso, aqui também não será diferente.

Por outro lado, produtores de cursos online que vendem produtos dos mais diversos nichos necessitam de estratégias mais elaboradas, que possuem profundidade e se conectam às expectativas do seu cliente.

Lembre-se dos graus de consciência do consumidor que já foram mencionados: quanto menor a consciência, maior a necessidade de um funil rico em conteúdo gratuito para uma venda posterior.

Vamos aos exemplos:

▶ Fórmula de lançamentos

Esta metodologia foi criada por um norte-americano chamado Jeff Walker (2014), que em 1999 começou a criar este processo de vendas. Consiste basicamente em um modelo de três vídeos gratuitos, com um vídeo oficial de vendas.

A grande força da fórmula está condicionada a um período de escassez absoluto, pois normalmente as vendas são realizadas durante apenas sete dias e são fechadas durante alguns meses.

No Brasil, a Fórmula de Lançamentos foi difundida por Érico Rocha, que é oficialmente o representante da metodologia no Brasil. Inclusive, o mercado de marketing digital brasileiro foi extremamente influenciado pelo Érico, sendo bem provável que não seria o mesmo caso ele não tomasse a iniciativa de trazer a fórmula para o Brasil.

Dentro da fórmula de lançamentos, existem outras estratégias menores para serem utilizadas em situações específicas, como veremos a seguir.

▶ Lançamento semente

O modelo mais simples de lançamento, utilizado principalmente para testarmos novas ofertas. Nesse tipo de lançamento, precisamos gerar audiência para um minifunil de conteúdo gratuito e a venda será feita posteriormente em uma transmissão ao vivo.

Basicamente o que vamos fazer é gerar uma lista de contatos instruindo-os sobre determinado tema importante e marcaremos uma data para a transmissão ao vivo. Nessa transmissão, entregaremos um conteúdo de alto valor, sem ainda informar que acontecerá a venda de um curso digital. Isso é algo muito importante.

Na Figura 11, sugiro alguns vídeos de introdução que geram valor real e somente a partir disso vamos marcar a transmissão ao vivo.

Sobre a transmissão ao vivo: você pode fazê-la diretamente pelo YouTube, ou procurar por plataformas de "webinários" no Google. Há várias delas, selecione a que você achar melhor.

E o que deve acontecer nessa transmissão ao vivo?

Encare-a como um verdadeiro vídeo de vendas. Essa transmissão ao vivo deve possuir início, meio e fim, ser controlada em conteúdo e também em tempo de duração.

Figura 11: Lançamento semente

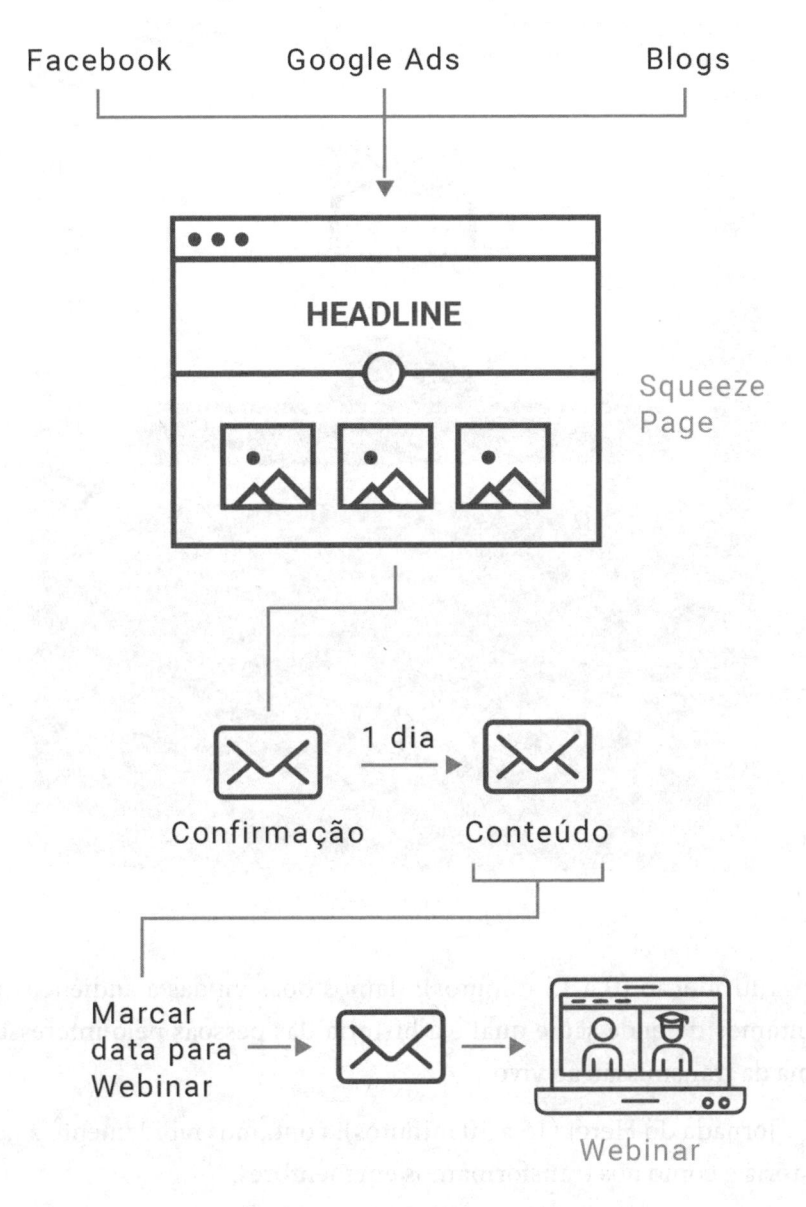

Fonte: Webmentoring (2021).

Figura 12: Webinário

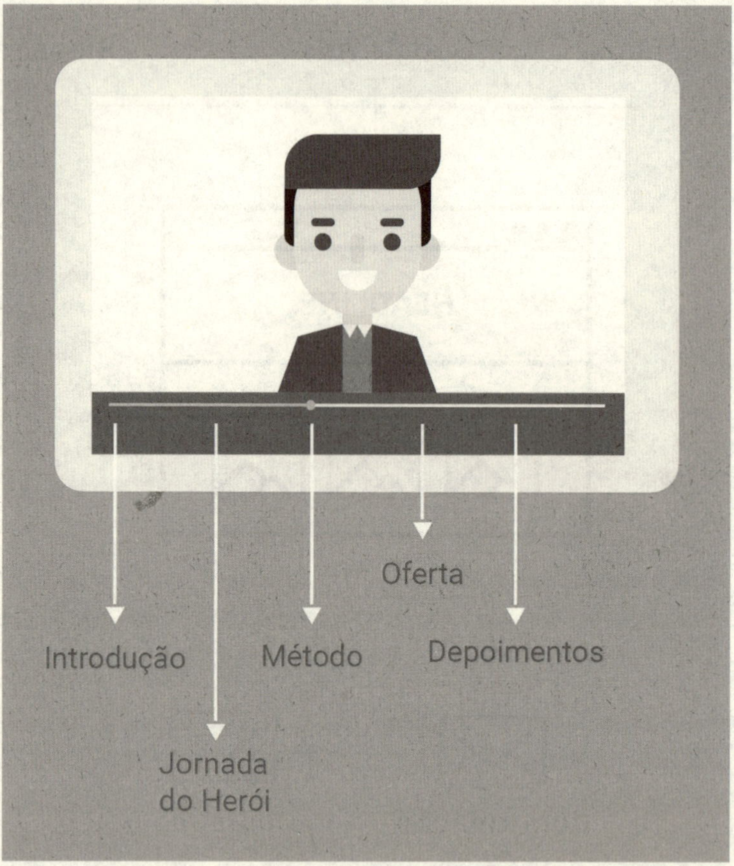

Fonte: Webmentoring (2021).

Introdução (0 a 15 minutos): damos boas-vindas à audiência, perguntamos de onde são e qual é a história das pessoas pelo interesse no tema da transmissão ao vivo.

Jornada do Herói (15 a 30 minutos): contamos rapidamente a nossa história e como nos transformamos em mentores.

Método (30 a 45 minutos): explicamos como funciona o curso e a sua estrutura.

Oferta (45 a 65 minutos): fazemos a venda do curso em si, utilizando vários gatilhos mentais.

Depoimentos (depois dos 65 minutos): são pessoas que serão convidadas para a transmissão ao vivo, alunos que já foram transformados pela metodologia do seu treinamento.

Algo que funciona muito bem durante essas transmissões é o gatilho mental da escassez. Trabalhar com um número limitado de vagas ou de preço promocional tende a funcionar muito bem. Já fizemos lançamentos por transmissões ao vivo em que acumulamos mais de R$400 mil em vendas.

▶ Lançamento interno

É o tipo de lançamento no qual a oferta já foi testada e iremos exibir essa oferta abertamente no mercado.

Desta vez, seguiremos o modelo tradicional da Fórmula de Lançamentos criado por Jeff Walker e difundido no Brasil por Érico Rocha.

Essa metodologia foi amplamente utilizada em milhares de lançamentos que já geraram centenas de milhões de dólares em vendas.

Como funciona a construção da oferta?

▷ *VÍDEO 1: O grande problema*

A oferta da fórmula de lançamentos consiste na apresentação de um grande problema e na microssolução desses problemas por meio dos três vídeos de lançamento. Esses vídeos serão liberados em dias predeterminados, sendo impossível o acesso aos vídeos das etapas seguintes antes da data de liberação.

Figura 13: Fórmula de lançamento

Fonte: Webmentoring (2021).

Por isso, no vídeo um o problema é apresentado, a história do nosso especialista é contada sob a ótima da Jornada do Herói e apresentamos uma das microssoluções do problema.

O primeiro vídeo tende a ter um tamanho maior, pois precisamos apresentar muita coisa ao mesmo tempo, porém de forma organizada e precisa.

Mais uma vez:

APRESENTAÇÃO DO PROBLEMA – JORNADA DO HERÓI – APRESENTAÇÃO DA MICROSSOLUÇÃO

Esse vídeo normalmente tem duração de 20-40 minutos. Não há nada de errado, pois é com esse tempo que apresentamos toda a proposta para a nossa lead.

Vídeos mais curtos podem funcionar, mas é importante ter muito cuidado com esse desenvolvimento, pois talvez faltem informações que conectem a nossa lead.

Lembre-se: a microssolução é apenas uma minúscula amostra de como a pessoa pode resolver o problema dela.

As microssoluções precisam se conectar entre si em todos os três vídeos de pré-lançamento.

▷ *VÍDEO 2: A microssolução aprofundada*

Nesse vídeo vamos nos aprofundar um pouco em uma microssolução, mas há algumas etapas a mais para cumprir.

O QUE ACONTECEU NO VÍDEO ANTERIOR – MICROSSOLUÇÃO – PREPARAÇÃO PARA O VÍDEO 3

Falamos com nossa lead sobre a repercussão do vídeo anterior, das interações no campo de comentários e neste momento podemos aproveitar e utilizar alguns gatilhos mentais, como o **senso de comunidade.**

Em seguida, falamos sobre a microssolução, um pouco mais aprofundada. A dica tem que ser muito boa e bem importante para que então possamos falar a respeito do vídeo 3, no qual vamos tirar todas as dúvidas que surgiram durante o lançamento.

▷ *VÍDEO 3: Suas dúvidas respondidas*

Nesse vídeo vamos esclarecer todas as possíveis dúvidas da nossa lead, mas ainda não revelamos o preço. Vamos tirar dúvidas a respeito do número de vagas, se o curso é para a pessoa ou não, as formas de pagamento, a estrutura do curso em si etc.

É importante criarmos a antecipação da oferta nesse vídeo, dizendo que às 9h da manhã do dia X iremos abrir as matrículas e, como são limitadas, você recomenda que sejam rápidos.

Assim como é muito importante manter a integridade em relação à limitação de vagas. Se o seu lançamento for maior que o esperado, encerre as vendas imediatamente. Assim as pessoas saberão que você é muito sério com suas promessas.

Há sempre uma dúvida em relação a manter o número de vagas como anunciado, tome bastante cuidado com isso.

No vídeo 3 também podemos esclarecer mais alguma dica, porém sempre após as dúvidas serem respondidas. Esse tipo de vídeo é muito importante, pois ele funciona como quebrador de objeções, uma vez que você listou várias possíveis dúvidas da sua lead e ela, mesmo que não tenha — ainda — pensado nelas, terá tudo respondido.

Sem a estrutura do famoso "Suas dúvidas respondidas" dificilmente as matrículas converteriam tão bem.

▷ *VÍDEO 4: Vídeo de vendas*

Aqui vamos repetir a estrutura do vídeo de vendas já ensinada anteriormente para vocês, porém fazendo um repasse grande de como foi o período de lançamento e a interação com os três primeiros vídeos.

▶ Hacks para lançamento interno

É sempre interessante você pensar em ações durante o lançamento que provoquem maiores interações das suas leads como um todo.

Durante um dos nossos lançamentos, com o especialista Charles Laveso, fizemos uma grande ação durante o lançamento inteiro, onde o próprio Charles e os professores iriam analisar todos os desenhos postados no campo de comentário do lançamento. Revisando e fazendo sugestões para o interessado.

Estávamos simulando uma espécie de atendimento que os alunos dos cursos têm. O resultado foi que tivemos mais engajamento durante o lançamento, tendo cerca de 8 mil comentários, além do lançamento em si ter sido acima de múltiplos 6 dígitos.

De alguma forma, pense em causar esse tipo de mobilização com a sua audiência. O seu lançamento não pode ser apenas mais um no qual as pessoas deixam um comentário dizendo: "Muito obrigado!" As pessoas precisam realmente se engajar com a sua proposta.

▶ Lançamento externo

Basicamente é a mesma estrutura do lançamento anterior, porém desta vez com mais investimento em marketing e contando com o apoio de uma rede de afiliados, que irão promover esse lançamento.

Assim, há um grande volume de tráfego durante o lançamento, e os resultados serão maiores em virtude disso.

▶ Curva em W

É o nome que damos ao fenômeno que ocorre no gráfico de vendas do seu produto durante um lançamento. Veja a figura a seguir:

Figura 14: Curva em W

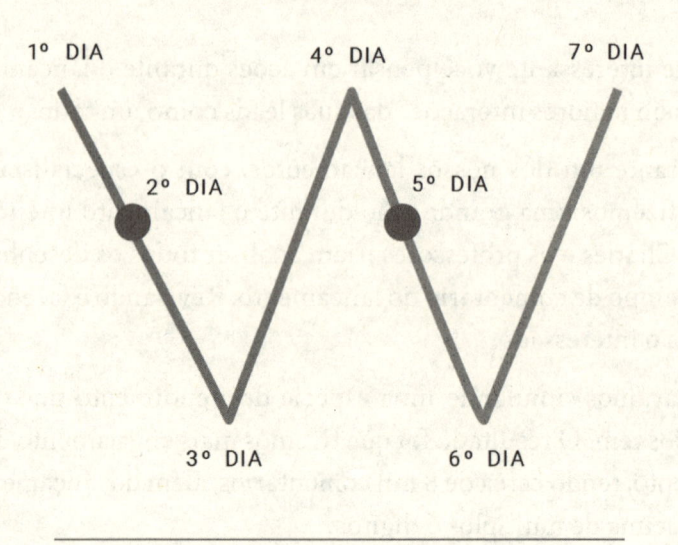

GRÁFICO DE VENDAS

Fonte: Webmentoring (2021).

No dia 4 aplicamos um webinário para alavancar as vendas. Estamos ao vivo esclarecendo dúvidas sobre o curso e com convidados (de preferência alunos). Por causa dessa estratégia aumentamos o número de vendas de maneira inesperada.

No último dia do lançamento (dia 7), vendemos bem porque há a escassez real de vagas e a impossibilidade de matrículas nos próximos meses. Isso mobiliza as pessoas que deixaram para a última hora.

NUNCA pense que um lançamento foi perfeito.

Mesmo com resultados esperados ou acima da expectativa, avalie todos os pontos de melhoria. Alguma coisa deu muito errado?

Um e-mail levou tempo para ser disparado?

Neste e-mail, a copy estava razoável?

Alguma página quebrou?

Qual era o tempo de retenção dos vídeos?

Onde as pessoas saíam nos vídeos?

Todos os comentários foram respondidos?

▶ Produtos perpétuos

São produtos construídos para vender todos os dias. Normalmente, possuem ticket médio abaixo dos produtos da fórmula de lançamento (e eles conseguem fazer isso pelo fato de utilizarem a escassez de forma real). Entretanto, são esses produtos que dão um fluxo de caixa constante e ativo.

Com produtos perpétuos você também é capaz de fazer testes rapidamente e descobrir se o seu produto atende às necessidades do cliente, além de testar ofertas diferentes e de forma simultânea.

Eles são o jeito mais fácil de fazer vendas, mas não diria que seja o mais fácil de escalar.

Exigem enorme conhecimento de aplicação técnica para possíveis correções. É importante verificar todas as métricas de acesso às páginas e o uso do site pelos usuários para tomada de decisão.

Isso pode parecer difícil no início, mas no longo prazo revela-se extremamente necessário.

Existem inúmeras táticas e estratégias diferentes para se vender um produto perpétuo. Listo agora algumas das que já utilizamos.

1. Aqui temos um clássico dos funis: tráfego para captura de e-mails e posteriormente para a página de vendas.

    Essa estratégia é amplamente utilizada até hoje, apesar dos elaborados funis existentes. Pode funcionar, mas vai depender de vários fatores externos (poder da oferta vendida, consciência do consumidor em relação ao problema e à sua solução etc.).

Essa é uma alternativa ao ainda mais simplificado funil de tráfego para página de vendas. Aqui você pode coletar alguns dados do cliente, como nome, e-mail e telefone, e assim dar continuidade ao atendimento.

2. Aqui temos um funil um pouco mais profundo que o primeiro. Vamos enviar tráfego para a página de captura, porém colocaremos as leads em uma sequência simples de conteúdo.

    É importante reforçar que os conteúdos são interconectados e contínuos. Assim, as pessoas aguardam pelos próximos e-mails.

    O intervalo entre os e-mails é de um a dois dias. Baseados em testes, tivemos uma maior interação seguindo esse modelo.

    Todas as páginas de conteúdo possuem, logo abaixo do vídeo, um botão que leva para a página de vendas. Falaremos sobre ela no próximo capítulo.

3. O clássico funil para a página de vendas. Basta enviar tráfego diretamente para a página de vendas e efetuar as conversões. Não há nenhum segredo, é simples e direto!

4. Aqui descreverei um processo mais requintado que o segundo exemplo que eu dei. Iniciamos o processo de remarketing, ou seja, reexibir para o público que já teve acesso aos nossos links uma campanha direcionada à página de vendas.

Por exemplo, se sabemos que pessoas que visitaram o vídeo 3 precisaram de alguns dias de contato conosco, isso significa que elas provavelmente já possuem maior clarividência em relação ao problema enfrentado e, talvez, estejam preparadas para receber um anúncio direto para uma página de vendas.

Aqui a brincadeira começa a ficar mais qualificada e cheia de processos. O marketing começa realmente a aprofundar em camadas e os funis podem muitas vezes ser de dezenas e até mesmo centenas de passos.

Vai depender do quanto você pretende se relacionar com o seu cliente e até quando. Conheço pessoas com funis de vendas de dois anos de conteúdo.

O que der mais resultado, tá valendo!

▶ Lançamento por WhatsApp

A estrutura desse lançamento é parecida com a da fórmula, entretanto, em vez de disponibilizar as aulas em uma página, com liberação programada, a estrutura funcionará da seguinte forma:

1. O lançamento funciona de sábado a quinta-feira:

    a. no sábado, o tráfego pago e as redes sociais direcionam os interessados ao adquirir o curso com uma condição especial para uma página de captura;

    b. essa página de captura leva para uma página de obrigado na qual a pessoa entra em um grupo de WhatsApp. (OS GRUPOS DEVEM ESTAR TRAVADOS, NINGUÉM PODERÁ INTERAGIR).

2. Chamamos o ato de colocar as pessoas no grupo de "população de grupos". Essa atividade será mantida até a terça-feira.

3. Na terça-feira, o expert envia para o grupo um vídeo de boas-vindas, explica as regras do grupo de convívio e avisa que na quinta-feira terá uma condição especial para adquirir um curso somente para os participantes do grupo.

4. Na quarta-feira, o expert envia um novo vídeo, avisando qual é a condição especial (geralmente 40% ou 50% de desconto), e que as matrículas estarão disponíveis de 9h da manhã às 19h ou 20h do dia.

5. Na quinta-feira, o expert novamente envia um vídeo, abrindo as matrículas e se colocando à disposição para tirar dúvidas.

   Essa estratégia é utilizada normalmente para levantamento de caixa rápido. Ela possui muitas variações e a estrutura que aqui passei é o que masterizamos ao longo do tempo, mas o método original é chamado "Meteórico", do brasileiro Talles Quinderé. Caso queira aprofundar-se completamente na metodologia, procure-o em suas redes sociais.

COMO CONSTRUIR UMA PÁGINA DE VENDAS

Chegamos a um tópico importantíssimo. Estava ansioso para falar com você sobre ele! A página de vendas, junto com a copy, representam a "Alma do Negócio Digital". É ela que vai passar toda a autoridade e a comunicação essencial para a tomada de decisão de compra. Sendo assim, é importante tomar cuidado na criação dessa página.

Mas como começar a pensar nessa criação? Como construo ela tecnicamente? O que eu escrevo e coloco nessa página? Tem que ter vídeo? Preciso de depoimentos?

As dúvidas são intermináveis, eu sei. Mas vou esclarecer passo a passo o que você precisa colocar em sua página. Lembre-se sempre de consultar as que eu já construí junto com a Web Mentoring no meu portal rodrigovolponi.com.br

Vamos lá!

▷ Tecnicamente

Se você não é um programador (assim como eu!), o caminho mais fácil é utilizar um sistema do WordPress, ou contar com o apoio de ferramentas como unbounce, leadpages, klickpages, leadlovers etc.

Essas ferramentas possuem servidores próprios e templates (modelos) que facilitam o processo de criação de páginas.

Basta você selecionar a página que mais lhe agrada, e pronto. Você a tem nas mãos.

▷ Conteúdo estrutural

Observe atentamente a Figura 15 a seguir para entender como funciona a estrutura que utilizamos na Web Mentoring, responsável por milhões de reais em vendas:

Figura 15: Conteúdo estrutural

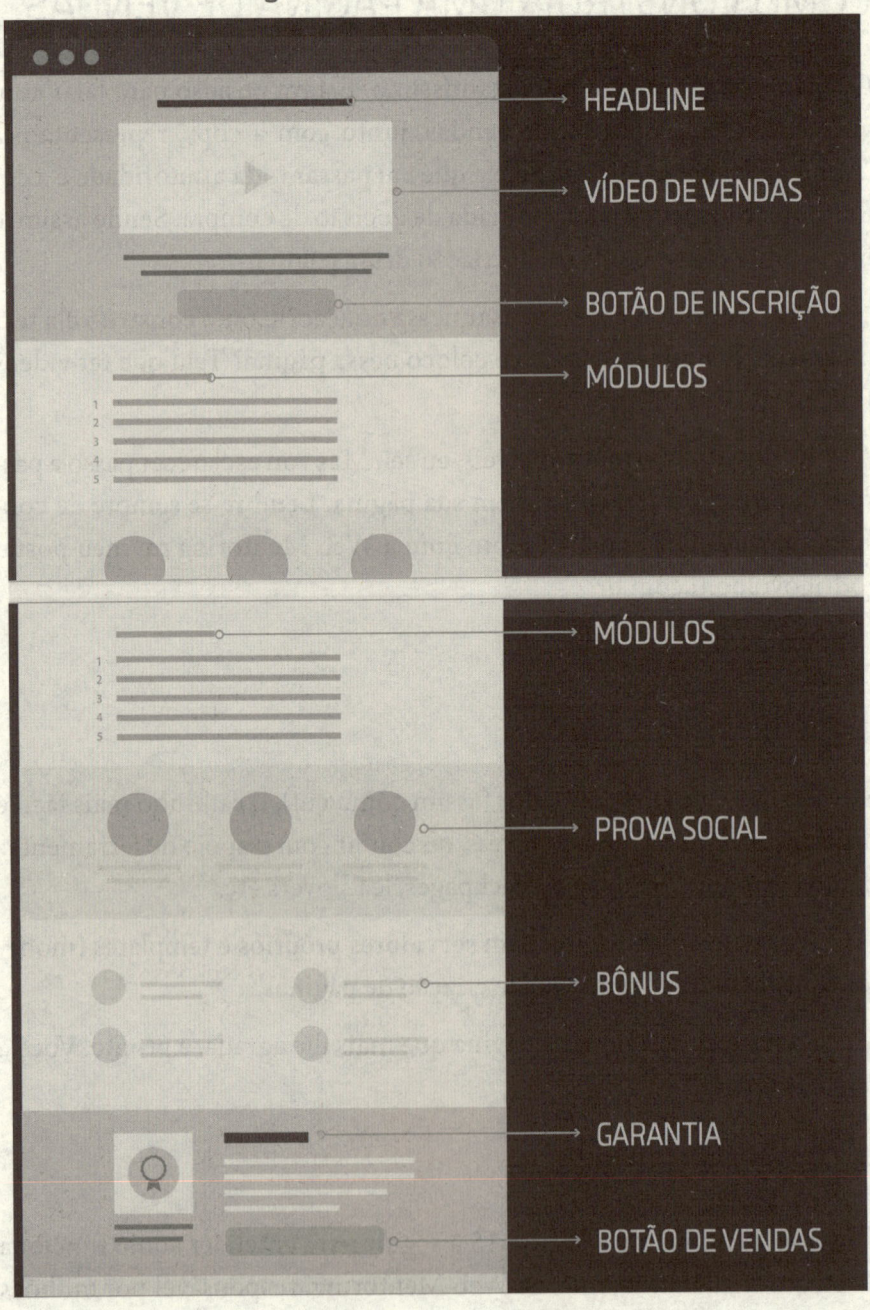

Fonte: Webmentoring (2021).

- **Headline:** chamada de ação poderosa para atrair a atenção do cliente e, consequentemente, fazê-lo assistir ao vídeo de vendas.

- **Vídeo de vendas:** seguindo os preceitos do vídeo de vendas descritos nas páginas anteriores, aqui estará a sua joia rara que induzirá a lead a tomar uma ação de compra.

- **Botão de inscrição:** muitas pessoas decidem comprar o produto imediatamente após assistirem ao vídeo, nada melhor do que facilitar a vida delas, correto?

- **Módulos:** explicamos como é a grade do curso, cada um dos módulos e suas aulas.

- **Prova Social/Prova:** colocamos destacados aqui os depoimentos do treinamento. Aqui está a prova de que a metodologia funciona, pois vários alunos diferentes contam sobre sua transformação com a metodologia.

- **Bônus:** aqui é o espaço onde detalhamos o que virá de extra no curso. Recorde que todos os bônus devem possuir um valor monetário intrínseco, e as pessoas devem ter a sensação de que estão realmente levando de graça o que vale dinheiro.

- **Garantia:** deixamos claro o gatilho mental de garantia ao dizer que a pessoa pode testar o produto por 15 ou até 30 dias e, caso não se sinta satisfeita, poderá pedir o reembolso da sua compra. Isso fortalece o desejo de compra do consumidor.

- **Botão de vendas:** colocamos novamente um botão de vendas na página.

- **FAQ:** fica a sugestão de também inserir nesta página uma FAQ com as principais dúvidas relativas ao funcionamento do curso respondidas.

▷ *Outros tipos*

Essa estrutura foi a vencedora dentre todas as alternativas que já testamos, mas existem outras opções que você pode considerar.

Figura 16: Página de vendas online

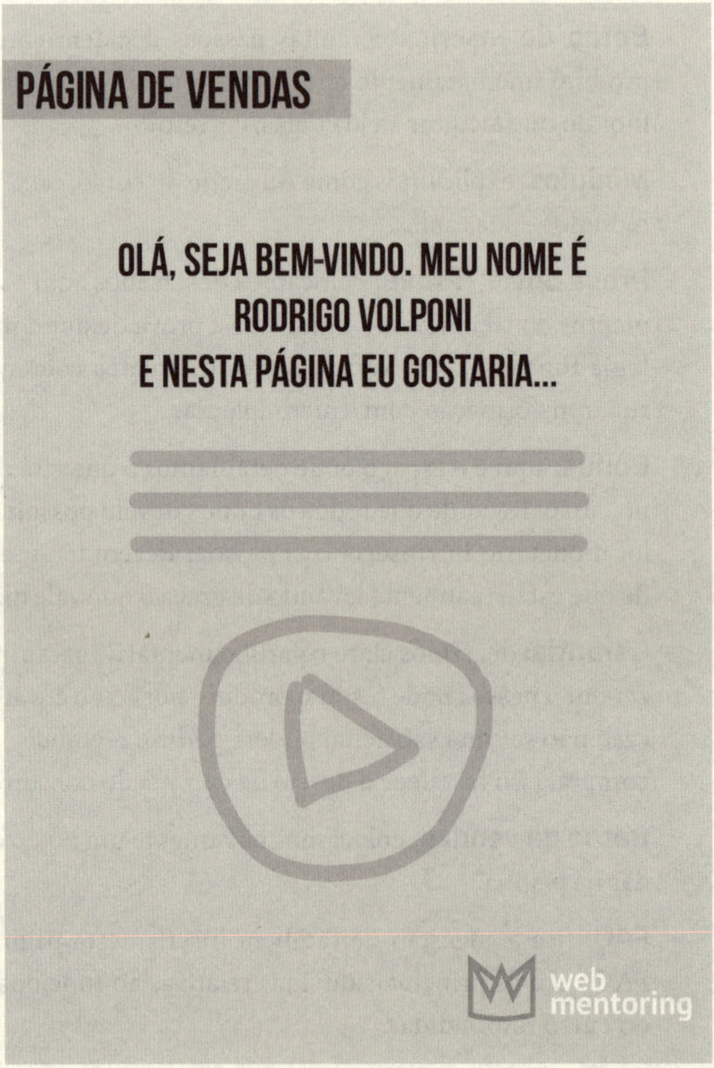

Fonte: Webmentoring (2022).

Essa é uma página de vendas em texto. Nela, o conteúdo do vídeo de vendas é totalmente transcrito e assim a pessoa pode fazer a leitura dela.

Esse tipo de página costuma ter muito resultado fora do Brasil, e aqui é importante realizar algumas adaptações para que ela funcione.

Brasileiros não gostam de ler muito, e por isso os vídeos tendem a funcionar melhor. Essa é uma generalização, mas é verdadeira.

Se utilizar uma página de vendas assim, use bastante de espaçamento entre linhas, formando frases enxutas e coesas. Por exemplo:

> *Olá, meu nome é Rodrigo Volponi, seja bem-vindo ao meu site rodrigovolponi.com.br*
>
> *Nesta página você vai descobrir como dar seus passos iniciais no marketing digital.*
>
> *Tudo passo a passo, do zero.*
>
> *Sem complicação!*
>
> *Mas eu quero fazer um compromisso com você...*
>
> *Acompanhe este texto até o final, pois tenho certeza que sua vida e sua forma de ver o marketing irão se transformar de vez.*
>
> *Vamos lá?*

Escrevendo dessa forma, facilitamos a compreensão por parte do consumidor.

Um modelo de página de vendas altamente simplificado: um vídeo de vendas e um botão de matrículas.

Muitos produtores digitais utilizam esse formato de venda nos dias de hoje, especialmente por se tratar de um modelo simplificado, o que faz com que as pessoas prestem atenção apenas no vídeo e, caso aconteça a conexão emocional, elas tomam a iniciativa de compra.

Nesse formato, tendem a performar melhor produtos que estejam nos três grandes nichos: relacionamento, emagrecimento ou ganhar dinheiro.

Um vídeo com uma copy avassaladora tende a levar a uma decisão de compra instantânea, por isso o botão de matrículas deve estar imediatamente disponível nessa página.

Em muitos casos os especialistas "temporizam" o aparecimento deste botão de vendas, para aparecer exatamente no momento em que é feita a venda do produto dentro do vídeo.

 # A IMPORTÂNCIA DO ATENDIMENTO 1x1

Durante os "anos de ouro" das vendas de cursos online, estratégias simples funcionavam surpreendentemente bem. Como eu já disse páginas atrás, as estratégias eram novidade para os clientes e tudo funcionava muito bem.

Pessoas lançando produtos diversos e faturando sete dígitos.

Pessoas com páginas de vendas simples vendendo de R$5 a R$10 mil reais por dia.

Não era necessário nem mesmo um atendimento prévio.

Os consumidores compravam pelo simples fato de as estratégias funcionarem bem tendo em vista a novidade.

Muitos milionários surgiram por causa disso.

Foram os anos de ouro, entre 2013 e a metade de 2016.

Porém, com o avanço do mercado, outros produtores conseguiram fazer seus lançamentos e as estratégias começaram a se repetir.

Muitos deles copiavam descaradamente a copy de outros produtores. Mesmo tipo de nicho, mesmo lançamento, só mudava o personagem. Era inacreditável o que estava acontecendo.

Contudo, o número de pessoas conectadas à internet não mudou muito. O que mudou foi apenas a qualidade da internet. O resultado disso: as mesmas leads vendo tipos de lançamentos diferentes.

Sim, estamos falando de milhões de pessoas, mas com cerca de 50 milhões de pessoas usando internet no Brasil, e uma fração menor com o conhecimento necessário para abrir redes sociais, ler e-mails e interagir de forma proativa na web. O número de pessoas com potencial real de compras acaba sendo um tanto quanto limitado.

Então a derrocada das estratégias convencionais começou a acontecer após a metade de 2016.

Lançamentos já não funcionavam como antes.

Pelo fato de muitos empreendedores digitais não terem instrução e conhecimento financeiro, acabaram quebrando.

Muitos deles desapareceram.

São poucos os profissionais daquela época. Eu sou um deles. E o motivo real disso acontecer é apenas um: capacidade de adaptação.

Mesmo os grandes marketeiros do Brasil, como Conrado Adolpho e Érico Rocha, tiveram que se adaptar.

Começaram a fazer eventos presenciais para vender seus serviços e produtos. No meu entendimento, Erico começou a fazer primeiro e incrivelmente conseguiu escalar a fórmula de lançamentos.

Conrado teve um período um pouco nublado, mas finalmente conseguiu se acertar com os eventos presenciais dos 8ps para micro e pequenas empresas.

A palavra-chave é adaptação. Se não conseguir se adaptar, você morre.

Esse mercado é dinâmico e implacável. Se agarrar a velhos hábitos fatalmente levará você ao fracasso.

Uma vez o Mateus Bicalho, sócio da Hotmart me disse: Rodrigo, nós precisamos investir em inovação, caso contrário a Hotmart quebra em três anos.

Isso me assustou um pouco. O CTO de uma empresa bilionária dizer isso. E me fez enxergar claramente a importância da cultura e do cultivo da filosofia da inovação.

Porém, uma estratégia atravessou o tempo e todas as adversidades relacionadas a vender pela internet.

O atendimento 1x1.

Quem se agarra apenas ao e-mail marketing, sequer faz ideia do potencial de vendas que é tratar um cliente com intimidade. Começamos assim também, fazíamos vendas somente por automação. Com o tempo e com o nosso mercado sofrendo, tivemos que nos adaptar.

Assim surgiu o atendimento 1x1 na Web Mentoring, que consiste basicamente em:

- Atender pessoas com humanização.
- Um time específico de atendimento que, na verdade, atua como um polo de vendas.
- O uso ostensivo do WhatsApp para esses atendimentos e também do telefone.
- Um sistema de CRM para administração desses contatos.

Quando começamos a implementar a nova área de vendas da Web Mentoring não foi fácil, precisamos entrevistar pessoas, criar processos internos etc. Nós sangramos para que posteriormente pudéssemos desfrutar dos resultados que essa área da empresa é capaz de gerar.

O que o mercado diz é que não compensa fazer atendimento 1x1 para consumidores finais e sim para o mercado de empresas, ou seja, B2B. Eu penso que estão errados. Não porque é algo da minha cabeça, e sim pelos resultados que os meus vendedores podem gerar.

Como funciona o processo? Vamos lá.

1. Uma lead deixa seu nome, seu e-mail e seu telefone em uma página de captura.

2. A lead recebe o conteúdo imediato ao seu cadastro, geralmente um e-book ou uma videoaula.

3. Após algum tempo, um dos nossos vendedores envia diretamente para ela um WhatsApp, apresentando-se e perguntando se ela tem alguma dúvida sobre aquele material.

Nesse momento, a lead passa a ter uma pessoa de referência daquele especialista, uma fonte de conteúdo e o motivo pelo qual ela se cadastrou em sua base. Essa pessoa de referência terá um relacionamento de longo prazo com ela, acompanhando a sua evolução durante o curso e a preparando para comprar novos produtos.

QUAL É O SEU PROPÓSITO?

Agora que você já teve acesso a estratégias que levaram a minha empresa a faturar dezenas de milhões de reais ao longo dos anos, quero lhe fazer uma pergunta muito importante: qual é o seu propósito?

Seu propósito é criar um grande negócio?

Seu propósito é alcançar liberdade financeira para você e para sua família?

Seu propósito é poder viajar e trabalhar de qualquer lugar do mundo?

Essa é uma pergunta difícil de responder. Posso lhe dizer que, devido às mutações psicológicas que passei ao longo dos anos, foi somente agora que encontrei um propósito mais sólido e que atravessará o tempo. E tudo o que eu faço além desse grande propósito, está submetido a ele.

Meu propósito é a minha família.

É importante que você saiba que, independentemente de onde esteja, talvez você já tenha conquistado esse propósito, o mais valioso de todos... E está em busca do que está lá fora. Porque todo o sucesso do mundo, todo o reconhecimento, todo o dinheiro são incapazes de lhe dar mais felicidade que a sua família e os seus.

Talvez você tenha conhecimento, assim como eu, de pessoas muito bem-sucedidas financeiramente que estão muito infelizes. Elas andam de carros blindados, os filhos estudam nos melhores colégios e têm os melhores brinquedos, os maridos têm carros esportivos e as mulheres têm bolsas de luxo, mas sequer têm um relacionamento estreito com os filhos. Os casais mal se tocam e se tratam com carinho. Uma vida de abundância financeira, mas de uma pobreza espiritual muito grande.

É por isso que eu estou perguntando qual é o seu propósito no final. Eu tenho certeza de que, ao aplicar o material aqui contido, você encontrará algum sucesso. Isso vai depender de você. Mas já se preocupar com as questões do que é verdadeiramente importante na sua vida, antes mesmo de conquistar tudo o que irá ser conquistado por meio destas palavras, fará você mirar no que é mais importante: a sua família.

De nada faria sentido este livro se ao praticá-lo você se vislumbrasse com todos os resultados que alcançará e abandonasse os seus. De nada adiantaria você dobrar manhãs e noites em trabalho se o seu filho aguarda seu beijo de boa noite... Ou mesmo sua esposa.

Eu particularmente ficaria frustrado.

Pense no que verdadeiramente importa na sua vida. Se você não é capaz de ser feliz com o que você tem agora, certamente não será capaz de ser feliz quando tiver tudo.

Se você discute com sua esposa ou esposo seriamente sobre a conta de luz não paga, você discutirá seriamente se a viagem deve ser para Orlando ou para Paris. Se você discute seriamente com seus filhos sobre não ser possível comprar um tênis de marca, discutirá seriamente por não comprar no futuro um tênis de marca ainda mais valioso que o atual.

Porque a felicidade é um estado de espírito que atravessa o materialismo convencional. Observar a sua vida e entender que ela já é abundante, em especial pelas pessoas à sua volta, já fará com que você seja feliz na base.

Escute bem: eu fui vítima dessas promessas. E levei tempo para me reconstruir e entender o verdadeiro significado da minha vida. É a minha família, a paz de espírito, a gratidão e o reconhecimento da felicidade com o que se tem.

Eu não poderia finalizar este livro sem deixar esta mensagem para você: saiba enxergar o que é mais valioso na sua vida. Cuide disso. Trate com enorme carinho. Tudo vem depois.

EXTRA: MODELOS DE FUNIS DE VENDAS

Figura 17: Modelo de funil de vendas

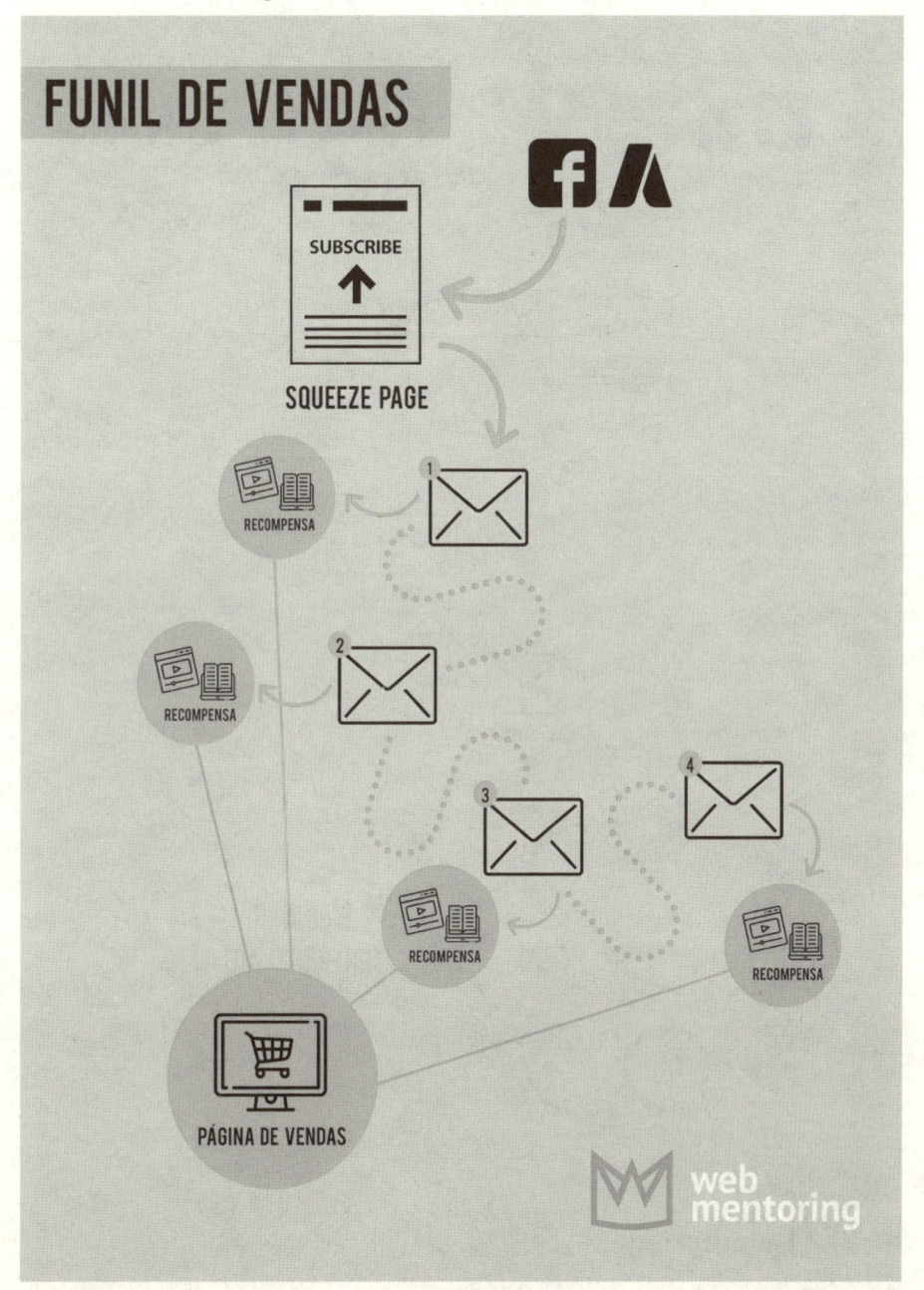

Fonte: Webmentoring (2022).

Figura 18: Funil de vendas — Estrutura

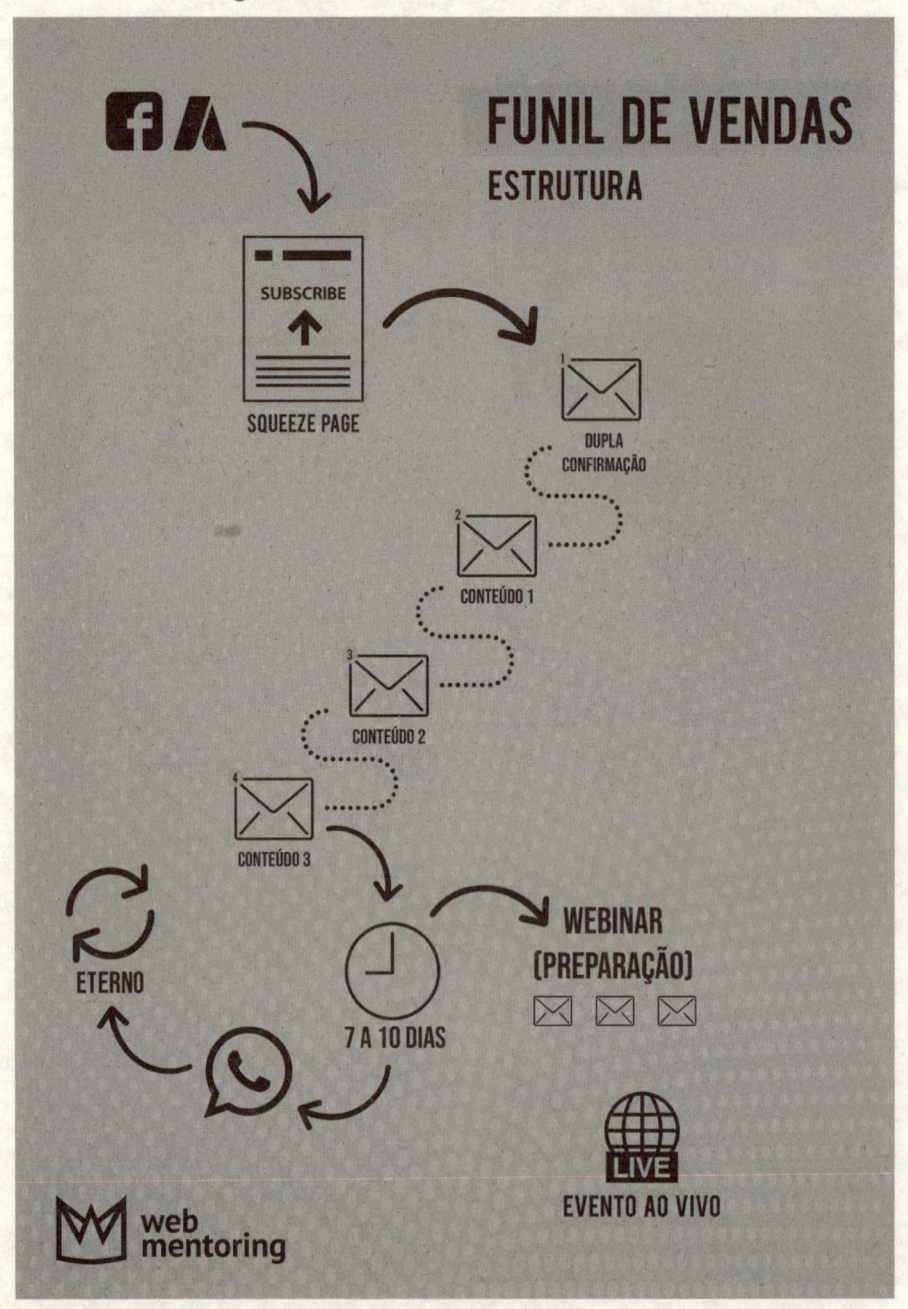

Fonte: Webmentoring (2022).

Figura 19: Funil de vendas Google Search

FUNIL DE VENDAS
GOOGLE SEARCH

∨

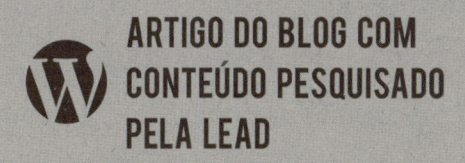 RESULTADO DA PESQUISA
DE PALAVRAS-CHAVE

∨

LINK DO ARTIGO DO BLOG

∨

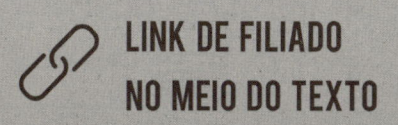 ARTIGO DO BLOG COM
CONTEÚDO PESQUISADO
PELA LEAD

∨

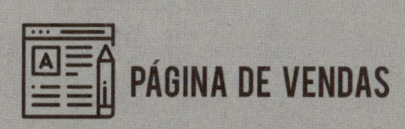 LINK DE FILIADO
NO MEIO DO TEXTO

∨

PÁGINA DE VENDAS

Fonte: Webmentoring (2022).

Figura 20: Funil de vendas de blog — em WordPress

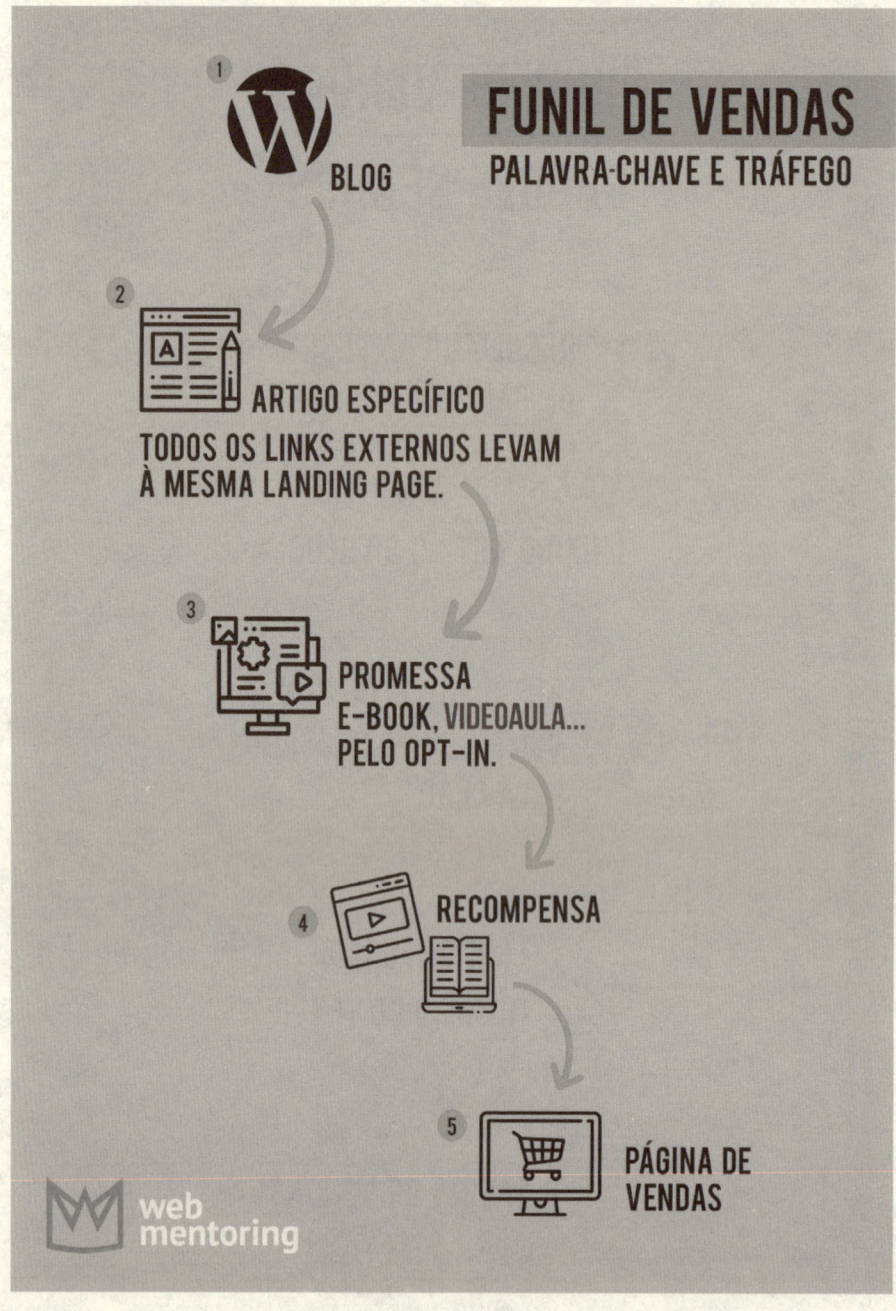

Fonte: Webmentoring (2022).

BIBLIOGRAFIA CONSULTADA

AMICHAI-HAMBURGER, Y. **Internet psychology**: the basics. 2017. Disponível em: https://www.routledge.com/Internet-Psychology-The-Basics/Amichai-Hamburger/p/book/9781138656062.

BRUNSON, R. **Expert secrets**: the underground playbook to find your message, build a tribe, and change the world. 2017.

CAMPBELL, J. **The hero with a thousand faces**. 2012.

CIALDINI, R. B. **As armas da persuasão**: como influenciar e não se deixar influenciar. Rio de Janeiro: Sextante, 2012.

FERRISS, T. **The 4-Hour Workweek**. 2007.

LI, C.; LALANI, F. **The COVID-19 pandemic has changed education forever**. 2020. Disponível em: https://www.weforum.org/agenda/2020/04/coronavirus-education-global-covid19-online-digital-learning/.

MASTERSON, M.; FORDE, J. **Great leads**: the six easiest ways to start any sales message. [s.l.]: American Writers & Artists, 2011.

ROSER, M.; RITCHIE, H. **Technological progress**. Disponível em: https://ourworldindata.org/technological-progress.

ROSS, A.; LEMKIN, J. **Hipercrescimento**: a nova bíblia de vendas do Vale do Silício. 2018.

SCHWARTZ, E. M. **Breakthrough advertising**. [s.l.]: Good Hardcover, 2004.

SIEGFRIED ZEPF. **Psychoanalysis today — a pseudoscience?** A critique of the arbitrary nature of psychoanalytic theories and practice. 2018. Disponível em: https://www.researchgate.net/publication/323494686_Psychoanalysis_Today-A_Pseudoscience_A_Critique_of_the_Arbitrary_Nature_of_Psychoanalytic_Theories_and_Practice.

SKJUVE, M. *et al*. My chatbot companion — a study of human-chatbot relationships. **International Journal of Human-Computer Studies**, p. 102601, jan. 2021.

SULER, J. The online disinhibition effect. **CyberPsychology & Behavior**, v. 7, n. 3, p. 321-326, jun. 2004.

WALKER, J. **Launch**: an internet millionaire's secret formula to sell almost anything online, build a business you love, and live the life. 2014.

WUNDT, W. **An introduction to psychology**. London: George Allen, 1973[1912].

ÍNDICE

Projetos corporativos e edições personalizadas
dentro da sua estratégia de negócio. Já pensou nisso?

Coordenação de Eventos
Viviane Paiva
viviane@altabooks.com.br

Assistente Comercial
Fillipe Amorim
vendas.corporativas@altabooks.com.br

A Alta Books tem criado experiências incríveis no meio corporativo. Com a crescente implementação da educação corporativa nas empresas, o livro entra como uma importante fonte de conhecimento. Com atendimento personalizado, conseguimos identificar as principais necessidades, e criar uma seleção de livros que podem ser utilizados de diversas maneiras, como por exemplo, para fortalecer relacionamento com suas equipes/ seus clientes. Você já utilizou o livro para alguma ação estratégica na sua empresa?

Entre em contato com nosso time para entender melhor as possibilidades de personalização e incentivo ao desenvolvimento pessoal e profissional.

PUBLIQUE
SEU LIVRO

Publique seu livro com a Alta Books.
Para mais informações envie um e-mail
para: autoria@altabooks.com.br

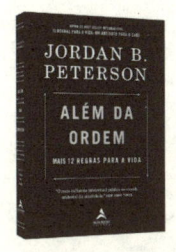
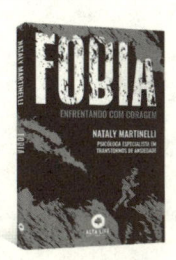

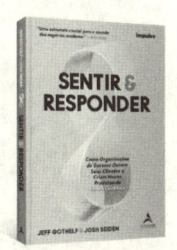

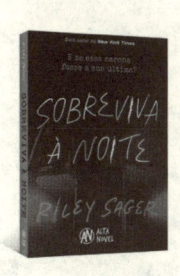

 /altabooks /alta-books /altabooks /altabooks

ROTAPLAN
GRÁFICA E EDITORA LTDA
Rua Álvaro Seixas, 165
Engenho Novo - Rio de Janeiro
Tels.: (21) 2201-2089 / 8898
E-mail: rotaplanrio@gmail.com